T. S. 엘리엇 시극론

T. S. Eliot 詩劇論

T. S. 엘리엇 시극론

김재화 지음

도서출판 동인

"크게 만들어 주소서, 우리의 말들을"

T. S. 엘리엇은 대시인이면서 시극을 쓴 극작가이고, 시대를 초월하여 우리에게 깊은 지혜를 준 평론가이다. 이러한 엘리엇의 작품들은 장르를 따질 필요 없이 읽어 가면 그의 일관된 사상의 깊이에 끊임없이 감동되고 매료된다. 엘리엇을 공부한다는 의욕도 이런 감동에서 유발되는 것이리라. 그를 위대한 사상가라고 덧붙일 명분은 넘치나 그를 유럽 중심적이며 기독교 중심의 종교시인이라고 경계 짓는 경우는 이제 21세기의 열린 시대에서는 어울리지 않는다.

엘리엇은 20세기 전반기 역사의 유례없는 격동의 시대에서 삶의 정신적 가치를 고뇌하며 큰 틀에서 예지를 담아내는 문학적 작업에 평생을 바쳤다. 그가 무난히 역임할 수 있었던 하버드 철학교수직을 멀리한 후의 생활을 엿보게 되면 그의 문학에 대한 열망이 어떤 고통도 감내하는 남다른 성실성이 있었음을 알게 된다. 20세기 문학의 거목인 엘리엇에 한 발씩 다가가 그의 예지에 몰입되는 과정을 지금까지도 필자로서는 혜택의 시간으로 여기고 있다.

그는 문학과 인생의 원숙기에 7편의 시극을 내놓았다. 그것은 그의 인생의 종착지에서 비로소 안정과 행복을 말했던 시기에 나온 것이다. 그의 『황무지』에서 보여 준 시대적 삶은 시극 속에서는 보다 긴 시간을 두고 그 상황들을 노출시켰다. 그 안에서는 삶의 의미를 잃고 사는 사람들, 그들이 찾는 진실한 삶의 과정들이 펼쳐진다. 그의 작품의 구성과 결말은 결코 산만하지 않으며 어떤 죄의식이나 고통 뒤에도 구원의 길이 있다는 것을 암시 또는 명시하고 있다.

　필자가 뒤늦게 엘리엇 시극에 대한 책을 펴내기로 결심하기까지는 절차탁마의 시간이 필요했다. 엘리엇 시극에 대한 학위논문을 쓴지도 오래되었거니와 그 시기를 전후하여 연극평론가로도 활동한 일이 지금은 아련하게 느껴지기 때문이다. 그러나 어떤 의무감 같은 것이 나름대로 남아 있었다. 근래는 극에 대한 것 보다는 어떤 계기로 시에 관한 글을 쓰고 있는 필자로서는, 뭔가 숙제를 다하지 않고 전학을 한 기분이었다. 그런 가운데서도 모두에 피력했듯이 가능한 한 여러 장르의 경계를 허물며 글쓰기에 전진하고자 하는 것이 요즘 필자의 노력 중 하나이다.

　이러한 개인적 심경보다 명분을 찾자면, 아직도 엘리엇 시극 전반에 대한 연구서 출간이, 시나 평론에 비해 여전히 미약하다는 것이 필자의 인식이다. 그 이유는 여러 가지가 있겠으나 우선 셰익스피어를 읽을 때처럼 독자가 어느 정도 드라마에 대한 지식이 필요하기 때문이다. 읽기부터 연극적 상상력을 동원해야 한다. 텍스트와 퍼포먼스 중간쯤의 시각이 이상적이라 하겠다. 또한 시처럼 압축되지 않으니 연구자로서는 관극 아닌 긴 시간의 읽기를 참아내야 한다. 그만큼 부피가 크다. 이에 비해 국내의 참고 서적이나 평문의 양은 아직도 상대적으로 적다. 이런 연유가 생각의 오류일지도 모른다. 필자는 엘리엇 시극이 지니고 있는 신비한 매력에 끌렸던 시기를 되살려 다시 그의 시극을 말하고 싶었다. 대거 새로 번역문을 써 넣었고, 문장과 내용도 다시 점검하면서 수월하지 않은 작업을 견뎌냈다. 이런 노력이 무위로 남지 않기를 바라는 마음이다. 엘리엇의 문학세계를 연구하는 후학들을 위해 이 책이 엘리엇의 사상과 구원관을 살펴보는데 도움이 된다면 진정 고마울 따름이다.

의외로 이 책을 준비하면서 가장 고심했던 문제는 시극의 한글 제목이었다. 특히 종교적 주제를 다룬 *Murder in the Catherdal*은 일반적으로 '대성당의 살인'으로 통용되어 왔으나, 영국 국왕과 필적할만한 지위에 올랐던 캔터베리대주교가 순교자가 되었다는 점을 감안한다면 '살인'보다는 '시해'(弑害)가 적절한 번역이라고 판단했다.

그리고 *The Rock*은 교회 건축을 위한 기금 모금 용도에서 이 작품이 쓰여졌다는 창작배경을 고려한다면 통상적으로 사용되던 '바위'보다는 '반석'(盤石)이, 비록 성서 번역에 있어서는 두 가지로 해석되고 있지만, 주제를 표출하는데 올바른 뜻이 담긴다고 해석되어 바로잡았다.

The Confidential Clerk 또한 '비서'로 번역되어 왔으나 내용으로 보아 회사 직책이 아니기에, '개인 비서'로 고쳐 부르는 것이 적절하다고 생각되었다. 이러한 일련의 노력이 영문학의 창의적 연구에 조금이라도 보탬이 된다면 더할 나위 없이 좋을 것이다.

이 책을 출간하는데 있어서 오랜 인연으로 문학과 예술에 대한 격의 없는 대화를 꾸준히 이어 온 채충석 선생의 호의와 도움이 컸으며, 영문학 관련 서적 출판에 성의를 다하시는 도서출판 동인의 이성모 사장님과 실무자들께도 깊은 감사를 드린다.

2010년 7월,
金在華

차 례

제1장

엘리엇의 구원관

이미 『황무지』(*The Waste Land*)로 시인의 명성을 구축해 놓은 엘리엇이 극작으로의 전환을 진지하게 모색한 이유는 보다 광범위한 관객을 향해 자신의 사상을 전달코자 하는데 있었다.[1] 1930년 이후 발표된 일련의 평문들에는 엘리엇의 극작 동기와 작품의 의미를 밝혀 주는 작가의 주요 견해가 담겨 있다.

그의 첫 번째 극작 『스위니 아고니스테스』(*Sweeney Agonistes*, 1926~27)를 제외한 6편의 희곡이 1930년 이후에 발표된 것임을 고려할 때, 이 시기를 전후한 그의 논문들은 그의 극 세계를 살피는 긴요한 자료가 된다.

엘리엇의 모든 극작품에는 그의 글에서도 주요 주제로 논의된 현대인의 정신적 삶의 양상과 인간 영혼의 구원에 대한 문제가 탐색되고 있다.

---

1) Arnold P. Hinchliff, *T. S. Eliot: Plays*, Macmillan Publishers, London, 1985, p. 11.

그것은 구원의 문제가 제기될 수밖에 없는 현대의 무신적 사회현상의 관찰에서부터 시작하여 인간의 죄의식, 기독교 사회의 의미와 성자적 삶의 모형, 그리고 자아발견을 통한 진실한 인간관계의 탐색으로 나아가 드디어 정신적 구원의 성취로 종결된다.

구원은 죄의 발견에서부터 시작된다. 엘리엇은 <보들레르론>에서 보들레르가 '죄와 속죄'의 문제를 얼마나 진지하게 인간성에 비추어 생각한 작가인가를 논하면서, '죄의 실재'에 대한 인식은 '새로운 삶'을 의미한다고 말한다.[2] 또한 인간의 '죄'나 '파멸'은 그 자체가 '하나의 직접적인 구원의 형식'이며, 현대적 삶의 '권태'로부터 구원받는 길은 이러한 죄의식의 인식에서 시작될 수 있음을 시사하고 있다.

죄와 구원을 똑같이 감당할 수 있는 인간의 능력을 '영광'으로 생각한[3] 엘리엇은 1931년에 발표한 <파스칼의 팡세>에서도 지적이며 사색적인 파스칼과 같은 사람들은 삶의 절망과 환멸과 무의미한 생에 대한 사고를 할 수 있으며, 그것은 바로 '시적 영혼'이 겪는 필연적인 과정이라고 밝히고 있다.[4] 엘리엇의 극작품 속에는 특이하게 예민한 감성과 지적 영혼을 간직하여 다른 극중 인물들의 정신적 구원까지 가능케 하는 주인공들이 등장한다. 그들은 흔히 사회에서 규정하는 범죄와는 무관한 인물들이며, 무감각하고 무목적의 삶을 사는 인간들과 달리 정신적 죄의식으로 인하여 갈등과 고뇌를 겪는 인물들이다. 그러나 그들의 고통과 절망은 '믿음의 환희'로 가는 서곡과도 같은 것이다.[5] <팡세> 이전에 발표된 영국

---

2) Eliot, "Baudelaire," *Selected Essays*, Faber and Faber, London, 1951, p. 427.
3) Ibid., p. 429.
4) Eliot, "The 'Pensées' of Pascal," *Selected Essays*, pp. 411~412.
5) Ibid., p. 412.

철학자 브래들리(F. H. Bradley)에 관한 글에서도 엘리엇은 '회의와 환멸'을 종교적 이해를 위한 준비 요건으로 보았다.[6] 이러한 견해가 그의 첫 번째 시극『스위니 아고니스테스』의 발표기인 1927년에 표명되었다는 사실로 미루어 인간 영혼의 구원 문제에 대한 그의 진지한 관심은 일찍부터 있었음을 알 수 있다.

스위니(Sweeney)는 비록 그 이후 작품의 주인공들과는 달리 구원의 비전을 발견하지 못하는 고독한 인물이지만, 그가 생중사(生中死)의 고통을 겪으며 구원을 갈망했다는 점에서 엘리엇의 다른 주인공들과 상통하는 모형을 지닌다. 즉 그의 정신적 고뇌가 비전 없는 물체적 인간 군상에 비해 월등하게 예민한 감성과 지성의 인물이 갖는 그런 것임을 엘리엇은 다음과 같이 밝히고 있다.

> 내가 의도한 것은 한 명의 극중 인물을 그의 감성과 지성이 가장 예민하고 지적인 관객들의 수준에 맞도록 만드는 것이었다. 그의 대사들이 그러한 관객들과 또한 극중의 다른 인물들에게도 충분히 전달되어야 하는 것이다. 아니, 오히려 후자를 향해 말해야 한다. 그들은 물질적이고, 상상력도 비전도 없는 사람들이며, 전자에 의해 의식적으로 엿듣게 해야 한다.
>
> My intention was to have one character whose sensibility and intelligence should be on the plane of the most sensitive and intelligent members of the audience; his speeches should be addressed to them as much as to the other personages in the plays—or rather, should be addressed to the latter, who were

---

6) Eliot, "Francis Herbert Bradley," *Selected Essays*, p. 450.

to be material, literal-minded and visionless, which the consciousness of being overheard by the former.[7]

　이러한 특성을 지닌 인물들에 의해 사회 속에 서로 다른 취향을 갖는 여러 계층을 만족시키고, 이질적인 감성을 통합시킬 수 있는 곳이 바로 극장이라고 엘리엇은 주장한다.[8] 보다 광범위한 관객을 소원했던 이유도 바로 사회공동체로서의 인간의 삶에 정신적 구원의 필요성을 깨닫게 해주려는 작가의 의도가 숨어 있었던 것으로 볼 수 있다. 이러한 시극의 사회적 효용성의 문제를 엘리엇은 보다 명료한 종교적 목적을 가진 작품인『반석(盤石)』(The Rock, 1934)과 『대성당의 시해(弑害)』(Murder in the Cathedral, 1935)에서 기독교 관객에게의 접근을 통해 풀어보고자 시도하였다. 인간이 태어난 목적과 삶의 종말에 대한 해답을 교회가 밝혀준다는 것이『반석』의 주제이며,『대성당의 시해』에서는 성자적 삶의 모형을 제시하여 신의에 의한 인간의 심령적 승화를 표현하였다. 이 두 극작품이 특별한 관객을 위해 쓰인 것이라면, 그 이후의 극들인『가족의 재회』(The Family Reunion, 1939),『칵테일파티』(The Cocktail Party, 1950),『개인 비서』(The Confidential Clerk, 1955),『원로 정치가』(The Elder Statesman, 1959)에서는 성자적 삶의 구원은 차츰 후면으로 물러가고 보통 사람들의 구원의 문제가 진지하게 다루어지고 있다.

　그러나 여기서는 정신적인 각성에 이른 인물이 각성하지 못한 인물들의 삶에도 구원의 빛을 나누어 준다는 사상이 표명되고, 성자적 삶과 평범한 삶의 차원이 동일한 구원의 표리관계로 융합되는 것이다. 정신적 불모

---

7) Eliot, *The Use of Poetry and the Use of Criticism*, Faber and Faber, London, 1964, p. 153.
8) Ibid., pp. 152~153.

의 현대인의 삶에 질서를 부여하고, 죄의식에 사로잡혀 있는 고뇌하는 인간에게 구원의 길을 제시하며, 자아를 잃고 허상의 세계에서 번민하는 인간에게 실재의 모습을 깨닫게 하며, 고립된 인간에게 사랑을 재발견케 하여 구원으로 이끄는 양상이 제시되어 있다.

따라서 이들 시극에서 그는 보다 폭넓은 인간사를 다룸으로써 현대의 부정적 현실관을 긍정적 가치관으로 대치시키고, 현실 뒤에 가려져 있는 이상적인 현재를 볼 수 있도록 우리의 눈을 밝혀 주고 있다. 그리하여 평범한 삶에서 양심을 지키는 행위가 순교자의 차원 높은 결단과 다름없이 가치 있는 행위로 부각되며, 보잘 것 없는 한 '노정치가'가 발견한 삶의 도덕성이 베켓(Becket) 대주교의 준엄한 설교 속에 담긴 진리와 부합될 수 있음을 보여준다. 하찮은 것으로 무시하기 쉬운 인간적 사랑이 신의 거룩한 사랑 안에 포용될 수 있다는 진리가 그의 마지막 극작품인 『원로 정치가』에서 규명되고, 인간 구원의 한 모형이 제시되는 것이다. 이처럼 엘리엇은 인간의 삶 속에 내재하면서도 인간의 이해를 초월하는 신의 영원성을 인식하고 현세의 비실재성을 자각하여 영혼의 구원을 추구하는 이상주의자였다.

지금까지 많은 학자들에 의해 그의 극작품에 관한 연구도 활발하게 이루어져 왔으나 시인 엘리엇의 비중이 너무 컸기 때문에, 문학비평지에 실린 시극 논문들을 제외하고는 작품 연구의 단행본 발행은 그 수에 있어서 아직 미약한 실정이다. 캐더린 워즈(Katherine Worth) 교수는 엘리엇의 극작품이 '시와 종교극'(verse and religious drama)이라는 이름 아래 오랫동안 '그리 재미없는 한 구석'을 차지해 왔음을 지적하면서, 현대의 '살아 있는 연극'으로 재평가 되어야 함을 주장한 바 있다. 워즈는 『스위니 아고니스테스』가 극적으로 매우 박력 있는 작품임에도 불구하고 노스럽 프라이(Notrhrop Frye)나 프레이저(G. S. Frazer) 같은 비평가들에 의해서 한 편의 '시'로 취급되고 있음을 하나의 과오로 지적하면서 그 자신의 감동적인 관극경험을 술회하고 있다.[9]

1985년 아놀드 힌치리프(Anorld Hinchliffe)에 의해 편집된 *T. S. Eliot: Plays*의 서문에서 힌치리프는 엘리엇의 '완숙한 작품'은 대부분 희곡에 속한다고 주장하고, 엘리엇이 올비(Albee)나 핀터(Pinter) 보다 앞서서 현대의 관객을 매료시키는 주제들을 작품 속에 개발시켰다고 말한다.[10] 1984년의 *The Yearbook of English Studies*에 수록된 글, "The New Style of Sweeney Agonistes"에서 바바라 에버렛(Barbara Everett)은 정당한 평가를 받지 못했던 『스위니 아고니스테스』는 물론이거니와 『가족의 재회』나 『원로 정치가』도 최근에 이르러 성공적인 공연을 성취하였다고 말하면서, 이것은 종래의 학술적 평가를 통해서는 결코 예상할 수 없었던 일이라고 논평하고 있다.[11]

사실 『스위니 아고니스테스』는 'Fragments'라는 부제가 시사하듯이 가장 단편적인 것이며, 엘리엇의 첫 시극이란 점에서 실험적 작품으로 간주되곤 했다. 엘리엇의 시작과정을 상세하게 기록한 마틴 브라운(E. Martin

---

9) Katherine Worth, "Eliot and the Living Theatre," *Eliot in Perspective* ed. by Graham Martin, Macmillan and Co. London, 1970, pp. 148~165. 워즈 교수는 이제까지의 평론들이 엘리엇 극의 극적 박력을 과소평가했음을 지적하고, 예로 『대성당의 시해』의 코러스는 실제 캔터베리의 여인일 수 있다는 점을 무시하거나 『스위니 아고니스테스』가 1936년도에 발행된 '시선집'에 수록된 것이 1962년도 판에도 여전히 시로 남았다는 점을 지적했다.
10) Arnold P. Hinchliffe, *T. S. Eliot: Plays*, Macmillan Publishers, London, 1985, pp. 8~14.
11) Barbara Everett, "The New Style of Sweeney Agonistes," *The Yearbook of English Studies*, Vol. XIV(1984), p. 245.

Browne)의 *The Making of T. S. Eliot's Play*에서 조차 엘리엇의 시극의 출발을 두 번째 작품인 『반석』에서부터인 것처럼 서술되고 있다.[12] 주로 작품의 전거를 밝히는 일에 주력한 그로버 스미스(Grover Smith)는 그의 저서 *T. S. Eliot's Poetry and Plays*에서 지적하기를 엘리엇의 '극실험'이 『스위니 아고니스테스』부터 시작된 것은 잘못이었으며, 1934년에 이르러 두 번째 극작품 『반석』이 발표되었을 때도 엘리엇이 극작에서 성공하리라고는 거의 아무도 예견하지 못했다고 하였다.[13] 데이빗 존스(David E. Jones)는 *The Plays of Eliot*에서 엘리엇의 비평문들을 인용하여 작품의 의도와 성과를 밝혀나가면서 치중한 면은 엘리엇극의 현대적 가치를 논하기 보다는 '희랍원전'(Greek sources)에 관심을 표명하였다. 엘리엇의 극작품을 제의적 측면에서부터 고찰한 캐롤 스미스(Carol H. Smith)의 『T. S. 엘리엇의 희곡 이론과 실천』은 종교적 통찰에 일관하여 '현대극'(modern theatre)과는 상관없는 연구가 되고 있다.

셰익스피어의 극작품이 먼저 생생한 극장경험을 통해서 그 의미가 확산되었고, 그 후 극장 밖에서 학술적 연구의 대상이 되어 그 불변의 문학적 가치를 인정받게 된 것처럼, 앞으로의 엘리엇극의 전망도 달라질 것으로 생각된다. 근래 상업주의 극장에서 예상 밖의 성공을 보게 되면서 엘리

---

12) E. Martin Browne, *The Making of T. S. Eliot's Play*, Cambridge University Press, 1969, pp. 9~10. Browne는 서문에서 『스위니 아고니테스』를 포함시키지 않은 것이 이 작품을 기타 극작품에 비하여 낮게 평가했기 때문이 아니라 자신이 엘리엇 극 공연에 관계하기 시작한 1933년 이전에 쓰인 것이기 때문이라고 밝히고 있다. 그러나 엘리엇의 극작 경험을 상세하게 기록한 그의 책에 빠져 있다는 점은 독자의 무관심을 유발시킬 수 있다고 생각된다.

13) Grover Smith, *T. S. Eliot's Poetry and Plays*, The University of Chicago Press, 1974, p. 171.

엇극의 재평가가 이루어져야 한다는 소리가 높아진 것은[14] 엘리엇 시극에 관심을 둔 사람에게는 반가운 현상이 아닐 수 없다.

그의 사후 반세기 가까이 경과된 현시점에서 시적 업적 위주의 평가가 차츰 극작품에서도 공정하게 분배되고 있으며, 관객의 지적수준과 극장의 여건도 엘리엇극의 가치를 인지할 만큼 달라진 것이다. 에버렛은 엘리엇의 마지막 극작품인 『원로 정치가』의 주역을 첫 공연 때와 같은 배우인 폴 로저스(Paul Rodgers)가 맡았는데도 20년 후의 오늘에서도 관객의 높은 호응을 얻을 수 있었다[15]는 사실을 이미 환기시킨 바 있다. 이 극은 여러 비평가들에 의해서 『대성당의 시해』가 지녔던 차원 높은 주제의 광휘(光輝)를 인간관계, 특히 가족 간의 범용한 사랑의 규명 속에서 발휘하였다고 지적된 작품이다. 피터 레비(Peter Levi)는 『원로 정치가』가 엘리엇의 지적 발전의 완성을 예증하는 작품이며, 인간의 정신 및 개성의 해방에 대한 문제가 이 작품에서 엘리엇의 도덕적 심리학적 연구로 해결되고 있다고 높이 평가하고 있다.[16]

이와 같은 평가의 변화를 보면서 이 책에서는 엘리엇 극의 가치와 의의를 새로이 고찰할 필요를 느끼며, 필자는 그의 7편의 작품을 다음과 같이 살펴보았다.

먼저 제2장에서는 엘리엇 시극의 구원의 의미가 엘리엇의 어떠한 사상적 바탕으로 구현되고 있는가를 밝혀보기 위해, 그의 사회관을 구원의

---

14) Arnold P. Hinchliffe, p. 14. Hinchliffe는 아직까지 엘리엇의 극에 대한 정당한 평가가 이루어지지 않았다는 것을 지적하며 Worth 교수와 의견을 같이 하여 앞으로의 연구의 필요성을 강조하였다.
15) Everett, p. 245.
16) Peter Levi, "Eliot's Late Plays," *Agenda*, XXIII(1985), pp. 131~135.

개념과 관련시켜 살피고자 한다. 또한 엘리엇 사상의 배경을 이룬 그의 개인적 생애와 문화 예술에 대한 그의 견해도 부분적으로 검토하여 그의 구원관이 한 개인의 심령의 구원뿐 아니라 유럽문화의 존립과 앞날을 위한 진지한 탐색이었음을 밝혀보고자 한다. 현대사회의 질서에 대한 그의 관심은 그의 시극 세계에서 '사랑'을 통한 평화와 조화의 삶에 대한 강조로 반영되고 있다.

제3장에서는 엘리엇이 구원의 문제를 생각하지 않을 수 없었던 무신 사회의 실상을 『스위니 아고니스테스』의 주인공의 소외의식과 불안감 그리고 삶에 대한 죄의식과 연관시켜 살펴보았다.

제4장에서는 『가족의 재회』에서의 죄의식의 문제를 보다 근원적인 인간의 원죄와 연관시켜 고찰하되, 엘리엇이 전거한 아이스킬로스의 『에우메니데스』와 그 구원의 방법이 어떻게 다른가를 규명해 보았다.

제5장에서 살펴볼 『반석』과 『대성당의 시해』에서는 현대 서구사회의 정신적 질서를 기독교적 가치관에 의해서 회복시키고자 한 작품의 의도를 제1부에서 『반석』을 중심으로 밝혀보고, 제2부에서는 신앙의 극치라고 할 수 있는 순교의 의미를 성자적 삶의 모형으로 파악해 보았다.

끝으로 제6장에서는 세속인의 구원의 문제가 성자적 길과 일상적 삶으로 양분되어 조명되고 있는 『칵테일파티』를 제1부에서, 제2부에서는 직업과 예술의 세계에서 자아의 길을 발견하는 주인공의 진실에의 추구를 『개인 비서』를 중심으로 살피고, 제3부에서는 엘리엇의 마지막 극작품 『원로 정치가』를 통해서 엘리엇이 이제까지 추구해 온 인간 영혼의 구원의 문제가 진실한 사랑의 인간관계에서 해답을 얻을 수 있다는 것을 논의하고자 한다. 평범한 사람들의 삶의 관계가 궁극적인 '신의 사랑' 안에서 통합된다는 점에서 엘리엇의 모든 극은 구원의 주제로 일관성 있는 발전을 보여주고 있다.

이와 같은 고찰은 엘리엇 자신의 삶에 대한 사색에서 결정된 글들과 문예, 사회, 종교에 관한 평론들과 이제까지 많은 학자들에 의해 고찰된 논고를 토대로 구원의 문제를 중점적으로 조명하였다.

인간의 정신적 삶의 목표는 인생의 종말을 맞이할 때까지 계속적으로 구원을 추구하는데 있으며, 특히 과학과 물질문명이 고도로 발달해 가는 현 세기에서 끊임없이 추구해야 할 명제는 인류의 구원인 것이다. 절망적으로 비추어진 암담한 삶의 실상을 파악하는 일로부터 실존현상을 분석하고 나아가 영원한 신의 원칙에서 그 구원의 해답을 얻으려 한 엘리엇 시극의 의미는 인간의 삶의 방향을 밝혀줄 것으로 생각한다.

제2장

엘리엇의 사회관과 구원의 개념

　기독교적 구원의 개념은 분명히 성서적 계시에 근거를 두고 있는 것이지만 그 해석은 인간의 역사와 시대적 변천에 따라 다르게 시도되어 왔음은 사실이다.

　그 배경을 살펴보면 구원의 의미는 그것을 해석하는 사람의 주관적 견해에 따라 필요하다고 생각되는 부분이 강조되거나 조정되어 왔기 때문이다. 아르네 소비크(Arne Sovik)는 구원의 의미가 너무나 포괄적이어서 어느 누구도 또 어느 시대도 그 넓이와 깊이를 완전히 헤아릴 수는 없다고 말했다.[17] 따라서 엘리엇 시극에 있어서의 구원의 의미도 그가 살았던 그 시대의 특성과 상황에 대한 엘리엇 자신의 주관적 견해를 살펴보지 않고

---

17) Arne Sovik, *Salvation Today*, 『오늘의 구원』, 박근원 역, 대한기독교출판사, 서울, 1980, p. 52.

서는 파악하기 어려운 문제이다. 더욱 어려운 점은, 엘리엇을 한마디로 기독교적 시인이라 단정할 수 없다는 데 있다. 그의 초기시에서 볼 수 있는 낭만주의적 분위기나 그 후 반휴머니즘을 주장하며 낭만주의의 이름을 불식한 그의 태도 등은 그의 문학정신을 일관성 있는 하나의 세계로 간주할 수 없게 만들고 있다. 엘리엇은 1935년의 『종교와 문학』에서 "내가 원하는 것은 문학이 의식적이고 확실하게 기독교적인 것 보다는 무의식적인 것이어야 한다는 것이다"(What I want is a Literature which should be unconsciously, rather than deliberately and defiantly Christian)라고 밝힘으로서, 기독교적 사상을 그의 문학세계에 수용하는 자세가 의도적이거나 직설적인 것이 아님을 시사하고 있다.[18] 그의 극 세계에서도 『반석』을 제외하고는 신앙 문제가 직설적으로 표현되어 있지 않다는 점은 주시할 필요가 있다.

따라서 본 장에서는 엘리엇의 구원관을 기독교적 교리나 성서적 근거로 조명하기보다는 엘리엇 자신의 사상적 바탕을 살펴 포괄적으로 개관하고자 한다. 먼저 구원의 개념에 대한 시대적 차이를 간략하게 고찰하고, 나아가 현대적 의미의 구원관이 엘리엇의 사상과 어떻게 부합되는가를 밝혀보고자 한다. 그 다음으로 엘리엇 사상의 배경을 이룬 그의 개인적인 생애와 그의 종교관 및 사회관을 살피고, 구원의 개념과 관련되는 문화와 예술에 대한 그의 견해를 부분적으로 검토해 보기로 한다.

구원의 개념에 대해 1981년에 발표된 영국 국교회 교양위원회의 한 보고서는 다음과 같은 해석을 하고 있다.

---

18) Eliot, "Religion and Literature," *Selected Essays*, Faber and Faber, London, 1951, p. 392.

구원

이 문제들의 두 번째 집단은 구원의 개념에 따라 분류될 수 있을 것이다. 지속적인 기독교 전통에 근래 강조되고 있는 것은 구원의 개념을 현재 경험에 그 의미를 둔다는 것이다. 이는 '마지막 날'에 신자들의 위치가 신이 결정적인 선포에 의해 구원이 강조된 것으로부터 벗어나고 있는 것이다. 많은 현대 기독교 교육은 기쁨과 사랑, 그리고 '하느님 나라'에 대한 찬양이 현재 경험에서 가능하다는 것에 주목하고 있다.

Salvation

A second cluster of questions may be grouped around the concept of salvation. Recent emphasis in the continuing Christian tradition has placed the weight of meaning in the concept of salvation upon a present experience. There has been a move away from the emphasis upon salvation as the final declaration by God of the believer's standing in the Last Day. Much contemporary Christian teaching draws attention to the possibility of a present experience of joy, love and celebration of the Kingdom.[19]

근래의 기독교 전통에서 강조되고 있는 구원관은 현세적 경험에 강하게 비중을 두고 있다는 점에서 초대교회나 종교개혁 이전의 중세교회 개념과는 현격한 차이를 보인다. 현세적 삶의 기쁨, 현세적 사랑, 그리고 하느님의 나라의 축복을 바로 인간이 사는 현세에서 가능케 한다는 사상은 '최후 심판' 때의 내세적(來世的)인 구원으로부터는 멀리 떨어진 것이다.

---

19) *Believing in the Church*, A Report by the Doctrine Commission of the Church of England, SPCK, London, 1981, p. 259.

초대교회 시대의 신학자들은 희랍의 형이상학적 사상을 본받아 육체와 영혼을 분리시켰으며, 또한 현세적 생활의 가치를 중시하지 않았다. 따라서 종교는 축복된 현세적 삶의 지속을 추구하기 보다는 오히려 일시적인 심령적 희열을 추구하는 일에 치중하였고, 인간의 지상적인 행복은 '구원'과는 상반되는 영역에 속해 있다고 보았던 것이다. 삶에 대한 인류의 새로운 비전이 강조되는 문예부흥기 이전의 유럽에서는 교회가 공동체적 삶의 중심으로서 구원의 방주 역할을 담당했던 것이다. 인간의 지상적 삶의 영화는 인간 본능의 일시적 욕구 성취로 간주되고 비판되었다.

그러나 구원의 개념이 현세에서의 삶과 관련되고, 사회생활의 질서와의 관계에서 재조명된 것은 칼빈의 구원관이 강조된 이후부터라고 할 수 있다. 그가 주장하는 구원은 천국적 복락의 획득일 뿐 아니라 정의롭고 질서 있고 번영된 사회의 구현까지도 내포시키고 있는 것이다. 칼비니즘의 전통은 그 후 청교도들에 의해 미국 땅에 뿌리를 내리게 된다. 여기서 우리는 엘리엇의 가족적 배경과 엘리엇 자신의 구원관과의 연관성을 살펴보는 것이 좋을 것이다.

엘리엇의 유년기의 정신적 성장에 많은 영향을 끼친 것으로 알려진 그의 조부 윌리엄(William Greenleaf Eliot), 숙부 토머스(Thomas Lamb Eliot)는 바로 이러한 칼비니즘을 바탕으로 한 청교도의 후예들이다. 그들은 같은 청교주의적 회중교회(Congregational Church)에서 분리되어 나온 유니테리언(Unitarian Church)의 모범적인 교직자들이었다. 회중교회가 삼위일체를 주장했던 것과는 달리 유니테리언 교도들은 그리스도와 성령을 무신격하지 않았다. 그러나 그들의 교회 형태나 생활신조는 청교도적이었다. 다만 그들의 신앙은 18세기 후반에 대두한 계몽사상, 이신론(理神論), 그리고 과학사상 등의 영향으로 사회의 진보적 현실을 수용하는 측면을 보였을 뿐이다.

엘리엇의 조부는 당시 미개발 도시였던 세인트루이스에서 기독교적 이상의 실천을 위해 한 평생을 바쳤던 인물로, 교회와 대학을 설립하고 인권의 신장과 사회제도의 개선 등에 헌신적인 봉사활동을 하였다. 인도주의를 몸소 실천한 조부와는 달리 엘리엇은 행동을 두려워하고 사색과 이론에 치중했으나 그의 사상의 테두리와 행동의 규범은 거의 전부 그의 조부의 기독교적 인도주의와 일치하는 바 있다.[20]

엘리엇이 1922년부터 1939년까지 『크라이테리온』(The Criterion)의 편집인으로 있으면서 발표한 평론에는 예술에 대한 견해보다는 사회에 대한 관심이 보다 짙게 표현되어 있다. 그는 휴머니즘, 전체주의, 공산주의 등에 대한 비판적인 글을 썼으며, 예술가라기보다는 도덕가의 입장에서 사회문제를 논하였다. 엘리엇은 지난날의 매튜 아놀드(Mathew Arnold)의 경우를 언급하면서, 아무도 그러한 일을 하지 않는다면 자신이 해야겠다는 취지의 사명감을 피력했던 것이다.[21] 그는 그 이전에 『에고이스트』(Egoist)를 통해서도 영국사회의 정신적 퇴보상태를 비판하고 개탄하였다.[22] 『에고이스트』는 여성참정권 운동과 관련 있는 잡지였으나 엘리엇은 조부의 종교, 사회, 교육에 대한 열의와 여성참정권 운동의 전통을 계승한 것으로도 볼 수 있을 것이다.

그가 시인의 사회적 역할에 대해 관심을 갖게 된 것은 당시의 국내 및

20) 이창배, 『엘리어트의 이상주의』, 황동규 편, 엘리어트, 문학과지성사, 서울, 1983, p. 84.
21) Peter Ackroyd, T. S. Eliot, Hamish Hamilton, London, 1984, p. 170.
22) Ibid., p. 188.

국제적 상황에 영향을 받은 것이며, 이 사실은 주목할 필요가 있다. 제1차 세계대전과 제2차 세계대전 사이의 많은 창의적인 작가들은 아이포 에반스(Ifor Evans)가 지적했듯이 문예창작에 있어서 사회적 관심에 부정적인 태도를 갖고 있었다.

양차 대전 사이의 창의적이고 강한 의지의 마음들이 부정적이며 절망에 가까운 경지의 감성으로 바뀌었음을 인정해야 할 것이다. 그들은 정력을 쏟을 곳을 찾지 못했으며, 따라서 괴롭고 욕구불만의 상태였다. 그들의 생각은 자선과 편의 위주의 사회적 실험으로는 잘못된 경제제도로 유발된 고통을 치유할 수 없다는 것이었으며, 또한 국제적인 면에서도 정부의 정책이 너무나 무기력하여 저항도 소용없다고 생각한 것이다.

It must be admitted that many original and strong minds in the inter-war period gave way to a feeling that was negative and akin to despair. They saw no cause to which their energy could be attached and consequently developed a bitter and frustrated spirit. they felt that charity and expediency in social experiment could not remedy the suffering aroused from a misadjusted economic system, and that in the international field the policy if the Government was so enervating that protest was futile.[23]

많은 작가들은 사회현실에 대한 실의와 좌절감은 조롱과 풍자로 나타내면서, 상호불신의 세계에서 공동의 목표를 찾지 못하고 고립되어 있었

---

23) B. Ifor Evans, *English Literature Between The Wars*, Methuen and Co, London, 1949, p. 23.

던 것이다. 엘리엇 역시 시대적 상황에 대한 민감한 반응을 보인 시인이었으나, 에반스가 지적한 바와 같은 그런 절망의 심리상태에 빠져 있지는 않았다. 그는 고뇌하면서 사회의 구원을 추구하는 이상을 버리지 않았다. 이창배 교수는 엘리엇의 이상주의의 발전을 3기로 구분하여 논의하면서, 제2기를 '이상주의자가 도달하는 당연한 귀착점으로 현실에서의 환멸과 실의의 탈출구를 종교에서 찾는 시기'라고 규정짓고, 그 시기의 극작품으로서는 『반석』, 『대성당의 시해』를 꼽고 있다.[24] 특히 30년대 이후의 경제공황과 사회적 불안을 목도하고부터 엘리엇은 인도주의적 호소만으로는 부족하고 결국 기독교적 이념만이 질서회복의 유일한 원리가 된다고 주장한 것이다.

엘리엇은 1939년 『기독교사회의 이념』(*The Idea of a Christian Society*)에서 현대인의 정신적 구원을 기독교사상에 의한 사회질서의 정립에 의존해야 하며, 꼭 그것은 개인의 행동과 관습 속에까지 종교적 감정이 침윤될 때 비로소 가능해진다고 표명하고 있다.

> 대부분의 사람들을 위해서 — 그러나 여기에서 나는 사회적 계급을 생각해서가 아니라 지식층에 대한 것이며 — 종교가 첫째로 태도와 습관의 문제가 돼야 하고, 사회생활과 상업, 그리고 생활의 즐거움과도 융합돼야 하며, 특별히 종교적 감성은 하나의 가정과 사회적 감성의 연장이며 정화(淨化)여야 한다.
>
> For the great majority of the people — and I am not here thinking of social classes, but of intellectual strata — religion must be

---

24) 이창배, p. 96, p. 52.

primarily a matter of behaviour and habit, must be integrated
with its social life, with its business and its pleasures, and
specifically religious emotions must be a kind of extension and
sanctification of the domestic and social emotions.[25]

　또한 기독교적 도덕규범과 부합된 정치 및 사회제도를 이상적인 제도
로 주장하는 엘리엇은 공산주의와 기독교사상 사이에는 커다란 심연이 놓
여 있다고 보았으며, 공산주의와 전체주의 정치이론을 강력히 반대했
다.[26] 특히 제2차 세계대전 전야의 긴박한 국제정세 속에서 『기독교사회
의 이념』이 구상되었다는 사실은 의의가 깊다고 하겠다. 파시즘 국가들의
세력 확장과 소련 공산주의의 발전기였던 당시에 단순한 정치적 이념의
피력이 아니라 유럽의 정신문화의 존립의 지속을 위해 기독교 이념의 재
천명과 재강조는 긴요한 일이었기 때문이다. 절실했던 그의 관심은 현대
문명의 혼미성을 바로잡는 일이었다.
　그는 현대 정신문명의 약점이었던 무책임한 이기주의, 그리고 19세기
이후의 휴머니즘의 폐단에 대해 예리한 비판을 가했다. 그가 『기독교사회
의 이념』의 서문에서 밝힌 바와 같이, 크리스토퍼 도슨(Christopher Dawson),
미들턴 머레이(J. Middleton Murry), 드망(V. A. Demant), 자크 마리탱
(Jacques Maritain) 등은 엘리엇이 근대적인 자유사상에 대해 비판적인 입장
을 택하도록 영향을 끼쳤던 사람들이다. 특히 크리스토퍼 도슨은 교회, 사
회 그리고 국가에 대한 그의 역사적 고찰에 있어서 엘리엇의 기독교사회
의 이념과 동조적인 입장을 표명하고 있다.[27]

---

25) Eliot, *The Idea of Christian Society*, Faber and Faber, London, 1962, p. 30.
26) *Criterion*, Jan. 1936, p. 269, quoted in Roger Kojerky, *T. S. Eliot's Social Criticism*, Faber
and Faber, London, 1971, p. 89.

엘리엇은 전통의 중요성에 대해서도 일찍이 <전통과 개인의 재능> (*Tradition and the Individual Talent*)에서 언급한 바 있다. 개인의 독창성보다는 전통의 중요성을 강조하고 전통의 권위 앞에서는 개성이 감각(減却)되어야 한다고 주장한 바 있다. 그가 서구문명의 퇴보와 기독교정신의 고갈 상태에 깊은 우려를 표명하고, 세속화된 현실세계에 정신적 재건의 기풍을 진작하려고 노력한 것도 역사의식을 통한 전통의 재인식을 호소한 것이었다.

또 그는 종교에 관해서도 정통주의를 강조했다. 그것은 종교개혁 이전의 통일된 종교사상, 즉 정통적 가톨릭의 종교철학을 말함이다. 가톨릭 종교 사상의 체계를 구축한 토마스 아퀴나스의 이론에 대한 지식 없이는 기독교 사회철학을 이해할 수 없다고 말한 점을 보아도 그가 가톨릭의 정통 사상을 중시하고 있음을 알 수 있다.

> 단지 마음속과 글을 살피는 것만으로는 기독교 사회철학에 도달할 수 없으며, 이제는 그런 식으로 공산주의가 될 수 없는 것과 같은 것이다. 종교개혁에 이르기까지의 전체 기독교 역사에 대한 지식이 필요하며, 또한 예를 들면 특별한 아퀴나스 견해를 따른 얼마만큼의 지식은 필요한 것이다.

> You cannot arrive at a Christian social philosophy, any more than you can arrive at a Communists one, merely by looking into your heart and writing. You need a knowledge of the whole history of Christianity up to the Reformation, and in particular some acquaintance, for instance, with the views of Aquinas.[28]

---

27) Roger Kojecky, Ibid., p. 164.

그가 1927년 앵글로 가톨릭으로 개종하여 세례를 받은 것도 영국 국교가 유럽에서 기독교의 정통으로 인정되어 온 가톨릭 교리를 계승한 것이기 때문이라고 볼 수 있다. 1926년에 발표된 『란슬롯 앤드루스』(*Lancelot Andrewus*)의 서문에서 '문학적으로는 고전주의자, 정치적으로는 보수주의자, 종교적으로는 앵글로 가톨릭 신도란 말로 자신의 입장을 규정하고 있지만, 이것은 자신이 문학이나 정치나 종교에 있어서 어떤 정통적 입장을 지향하고 있음을 시사하는 것'이라고 볼 수 있다.

한 시인이 갖는 사상이나 종교적 태도란 개인의 고유한 기질 또는 개성과도 깊은 관련이 있는 것이기 때문에 타인이 피상적으로 단정하기 어려운 문제임에도 불구하고, 많은 비평가들은 마치 엘리엇이 현세적인 가치를 도외시하고 철저한 교의주의자로 변한 것처럼 비판하기도 했다. 그한 예로, 해럴드 라스키(Harold J. Laski)는 엘리엇이 사회적 가치를 고양시키는 의무를 저버리고 자아실현이라는 방편으로 교회나 정당의 옷을 걸치게 되면 예술가로서의 통찰력은 자연 흐려질 위험이 있다고 경고했던 것이다.[29]

이상의 논의를 염두에 두면서 우리는 이제 다음과 같은 두 가지의 국면을 정리해 볼 필요가 있다. 하나는, 엘리엇의 종교사상과 그의 시극과의 관계를 이해하는 일이며, 또 하나는 그의 청도교적 배경과 영국 국교에로의 개종이 그의 사회관과 어떠한 관련이 있는가를 결론지어 보는 일이다.

첫 번째 문제에 대해서는 앞서 지적했듯이, 엘리엇은 교의를 위해 종교극을 쓴 것이 아니라는 점이다. 엘리엇 자신도 <셰익스피어와 세네카

---

28) *Criterion*, Jan. 1931, p. 309, quoted in Roger Kojecky, p. 121.
29) Harold J. Laski, "Faith, Reason and Civilization," *T. S. Eliot: A Selected Critique*, ed. by Leonard Unger, Rinehart & Company, New York, 1948, p. 39.

의 스토이즘>(Shakespeare and the Stoicism of Seneca)에서, "생각하는 시인이란 다만 정서적 등가물을 표현할 수 있는 시인일 뿐이지, 그가 반드시 사상 자체에 흥미를 가질 필요는 없다"[30]고 말함으로써 시에 표현된 사상과 시인 자신의 생각과는 별개의 것으로 암시하고 있다. 엘리엇은 단테가 토마스 아퀴나스의 사상체계를 자기의 배경으로 삼았지만 단테 자신의 철학이 있었기 때문에 위대한 철학시인이 될 수 있었다고 보고 있는 것이다. 따라서 엘리엇의 시극을 고찰함에 있어서도 그가 일관된 종교사상을 작품 세계에서 구현한 것으로 단정할 수는 없다. 그는『단테론』에서도 '한 인간으로서의 믿음과 시인으로서의 믿음을 서로 다르기에 구별해야 한다'고 밝히고 있음을 볼 때 엘리엇의 시극은 결코 도그마적인 종교극이 아닌 것이다.

　　두 번째로, 영국 국교에로의 개종이 있은 후 과연 엘리엇의 사회구원의 추구에서 그 이전과 어떤 차이가 있었는가 하는 문제이다. 그의 시극에 나타난 구원의 의미를 분석해 볼 때, 그 속에는 필자가 이 장의 앞에서 인용한 영국 국교회가 밝힌 구원에 대한 오늘날의 개념과, 또한 엘리엇의 조부가 실천했던 청교주의적 사회구원관이 모두 포괄적으로 수용되어 있음을 알 수 있다. 엘리엇이 서구의 정통적 가톨릭사상에 바탕을 둔 질서와 조화의 세계를 현실에서 모색하려 한 것은 그의 사회 구원관의 원리의 표출이라고 볼 수 있을지언정 결코 현세적 삶의 가치를 부인한 것은 아니다.

　　일반적으로 현대의 구원관은 현세적 삶에서의 사랑과 기쁨을 강조하고, 지상에서도 하느님의 나라를 이룩할 수 있도록 노력하는 것이 긴요하다는 개념을 포함하고 있다. 이러한 현대적 의미는 루터교회의 아르네 소

---

30) Eliot, "Shakespeare and the Stoicism of Seneca," *Selected Essays*, p. 135.

비크(Arne Sovik) 목사가 밝힌 구원의 개념과도 맥락을 같이 한다. 그는 구원의 개념은 포괄적일 수밖에 없다고 전제하고, 구원은 '용서, 구속, 화해, 용납, 평화, 기쁨, 안전, 건강, 그리고 완전'이며, 그것은 '성취, 자유, 봉사의 선물'이라고 했다.[31] 이러한 현세적 가치는 미국 개척기 이후의 청교도적 사회실리성과 번영을 위한 노동정신과 직업관념 속에서 반영되어 온 것이다.

엘리엇의 시극에서 특히 후기 극작품들, 『칵테일파티』, 『개인 비서』, 『원로 정치가』에서는 현실세계에서의 발견, 사랑과 화해, 기쁨의 평화가 강조되어 있다. 인간의 사람이 궁극적으로 '신의 사랑'에 포용되는 것이지만, 『반석』이나 『대성당의 시해』에서처럼 세속적인 욕망과의 완전한 결별을 뜻하는 것은 아니다. 엘리엇의 첫 번째 극작품 『스위니 아고니스테스』에서도 현실세계에서의 '사랑의 부재'가 근본적인 문제로 부각되고 있다.

이렇게 볼 때, 엘리엇의 개종 이후의 구원관은 그의 조부가 지녔던 실천적이며 현세적 가치관을 저버린 흔적을 나타내고 있지는 않다. 영국 국교회가 지닌 심미적인 분위기에 그가 이끌린 것은 단테나 신비사상가들에게 깊은 관심을 가졌던 엘리엇으로서는 자연스러운 취향이지만, 그렇다고 해서 그가 청교도주의의 배경을 부정했다고는 볼 수 없다. 그는 영국 시민으로 귀화한 약 30년 후에도 그의 문학세계의 감정의 바탕이 미국적인 정통임을 표명한 바 있다. 미국 문화의 전통이란 청교도사상을 제외하고는 생각할 수 없다는 점을 우리는 알고 있다. 그의 개종은 인간의 무능과 무질서가 팽창하는 세계에서 질서와 평화의 원천이 되는 신의 힘을 의지하려는 의지의 표명이며, 또 정통적 신앙생활 속에서 그의 오랜 정신적 고뇌

---

31) Arne Sovik, p. 520.

의 역정을 종결지어 보려는 소망의 결실이었다.

그의 후기극에서 볼 수 있는 인생에 대한 관용적 태도에서 우리는 그의 현실 긍정적 구원관을 엿보게 된다. 그러나 그 현실적 구원관은 결코 신의와 유리된 것이 아니다. 그것은 영원한 신의 질서를 한 가정의 행복에서까지 찾으려는 진지한 노력을 반영한 것으로 볼 수 있다. 결국 그의 예술 속에는 이러한 진지한 자세로 모색한 신의 질서를 어떻게 일반 독자나 관객에게 구체적으로 인식시킬 것인가 하는 작가적 고뇌가 침윤되어 있는 것이다. 그는 예술의 기능은 인생에 대해 질서를 부여하는 것이라는 점을 강조하고 있다.[32] 그는 20세기 현대문명을 혼란에서 구제하는 길도 기독교와 가톨릭 사상에서 찾아야 한다고 생각한 것이다.

엘리엇은 인간이 인간본위의 이기적 사상을 품고 타인의 복지를 생각하지 않는 태도는 사회의 구원과 위배되는 것이라고 믿었다. 1952년에도 엘리엇은 변함없이 이러한 사회구원관을 다음과 같이 말하고 있다.

> 그리하여 개개인의 영광이 측정되어야 하며, 이는 물질적 힘과 부에 따라서가 아니라 모든 다른 사람들의 정신적 행복을 위한 공헌에 대한 것이어야 한다. 우리는 사람들에게 정책을 수용하도록 설득할 목적은 없으며, 또는 어떤 호언장담하는 언어적 신념에 말뿐으로 아첨하는 것도 아니며, 다만 사람들의 의식과 그들의 양심을 일깨워 주는데 목적이 있는 것이다.

> So that the glory of each people should be measured, not in material power and wealth, but by its contribution to the

---

32) Eliot, "Poetry and Drama," *On Poetry and Poets*, the Noonday Press, New York, 1961, p. 35.

spiritual well-being of all the others. We do not aim to persuade people to accept a policy, or to pay lip-service to some magniloquent verbal creed, but to awaken their consciousness and their conscience.[33]

엘리엇은 인간의 미숙한 지식으로 구축한 어떤 사회정책도, 잠자는 인간의 양심을 깨어나도록 도와주는 종교의 힘에 미치지 못함을 주장하고 있다. 인간이 결코 도달할 수 없는 '절대적'인 것이 있다는 것을 밝힌 흄(David Hulme)의 반인본주의(Anti-humanism)를 엘리엇이 찬양한 것도[34], 종교적 원리에 근거하는 전통과 질서 앞에 개인의 자기희생과 겸손이 필요하다는 사실을 깊이 인식했기 때문이다. 전통과 질서에서 이탈해 가는 현대문명을 보면서 엘리엇은 그의 예술 활동을 통해 신의에 따른 사회구원을 진지하게 모색한 것이다.

---

33) *Frontier*, January 1952, p. 14, quoted in Roger Kojecky, p. 214.
34) Eliot, "Second Thoughts about Humanism," *Selected Essays*, p. 490.

제3장

무신사회의 구원의 문제
『스위니 아고니스테스』

여기에서는 신의와 유리된 현대인의 삶의 단면이 엘리엇의 첫 번째 극작품인 『스위니 아고니스테스』에서 어떠한 모습으로 묘사되고 있는가를 구원의 문제와 연관시켜 살펴보기로 한다.

엘리엇은 『스위니 아고니스테스』에서 현대의 풍속도를 재즈시대에 어울리는 통속화된 리듬과 경희가극조의 허식적인 대화로 묘사하여 구원의 길이 암담하리만치 차단된 현대사회의 일면을 극화하였다. 삶의 가치관을 상실한 주인공이 공허하고 무의미한 삶에서, 죄의식에 사로잡혀 생중사의 공포감을 지니고 방황하는 모습은 마치 『황무지』에서의 방향을 잃은 현대인의 궁경(窮境)을 연상시킨다. 현대도시에서 정신적 구원을 발견하지 못한 주인공은 막연히 원시섬으로의 도피를 꿈꾸나 그곳 역시 정신적 재생이 불가능한 희망 없는 곳이다. 이러한 황무지의 상황에서 주인공이 그의 고뇌를 공감할 수 있는 인간 간의 유대감을 형성하지 못하고 고립되고 있는 것은 무신사회에서의 단절된 현대인의 의식생활을 나타낸 것이다.

이 극의 막을 여는 도리스(Doris)와 더스티(Dusty)는 삶을 무의미하게 영위하는 대표적 인물들이다. 미신적인 카드놀이로 막연한 앞일을 점치며 가식적인 나날을 보내는 두 여인은 스위니를 가장 잘 이해할 수 있는 같은 사회계층의 여인들이다. 그런데도 스위니는 이들로부터도 정신적으로 소외되고 있다. 도리스와 더스티는 그들의 아파트세를 지불해 주는 남자에게 쾌락을 제공하는 대가로 물질적 보상을 기대하며 살아가는 인생이다. 스위니는 어떤 살인 이야기를 괴기하게 이들에게 전하면서 그러한 살해충동에 누구든지 한번쯤은 사로잡히게 될 것이라는 불안감을 안고 여인들을 찾는 인물이다. 표면상 이들은 동류의 저속성을 지니지만 스위니는 극중 누구보다도 특이하게 예민하며, 매티슨(F. O. Mattiessen)의 지적35)대로 엘리엇 시에 등장하는 '에이프넥'(Apenck Sweeney)과는 다른 의식 있는 인물로서 예민한 관객만이 그를 이해할 수 있을 것이다.

헬렌 가드너(Helen Gadner)는 이 극이 스위니를 이해하는 사람과 이해하지 못하는 청중 사이의 심연을 보여주고 있다고 논평하면서, 『황무지』에는 현대인의 정신적 불모와 권태가 보편적인 것으로 묘사되었지만, 『스위니 아고니스테스』는 특수한 상황과 특정 계층의 인물에 의해 정신적 삶의 양상이 묘사되어 있다고 말한다.36) 등장인물들의 생활양상이 어떠한

---

35) F. O. Mattiessen. *The Achivement of T. S. Eliot*, Oxford University Press, New York, 1959, p. 159. 엘리엇의 시, *Sweeney Among the Nightingales, Mr. Eliot's Sunday Service, The Waste Land*에서 '스위니'라는 인물은 저속한 현대인의 전형으로 상징되고 있다. 유인원과 같은 원시성, 교회를 등지고 내적 쾌락을 추구하는 인간을 의미한다.
36) Helen Gardner, *The Art of T. S. Eliot*, Cressent Press, London, 1979, pp. 131~132.

의식수준을 밝혀 주고 있는가는 그들이 사용하는 어법과 어조에 의해서 쉽게 감지될 수 있다.

"프롤로그의 단편(斷片)"(Fragment of a Prologue)과 "갈등의 단편" (Fragment of an Agon)으로 나누어진 2부의 각 서두는 아무 배경 설명도 없이 관객을 특이한 분위기로 이끈다. 마치 음악의 강한 타음(打音)을 듣는 것 같은 빠른 템포의 대화로 프롤로그는 시작된다.

더스티   페레이라는 어떨지?
도리스   페레이라가 뭐 어때서?
           난 상관없어.
더스티   근데 상관없다고!
           누가 집세를 내지?
도리스   그래, 그가 집세를 내지.

DUSTY   How about Pereira?
DORIS   What about Pereira?
           I don't care.
DUSTY   You don't care!
           Who Pays the rent?
DORIS   Yes he pays the rent[37]

이와 같이 범상한 구어체 대화이지만 이들의 어조와 리듬은 재즈시대 희가극의 희롱조 언어의 율동을 연상케 한다. 또 "애곤"(Agon)의 서두에는

---

37) 본 장의 『스위니 아고니테스』는 Eliot, *The Complete Poems and Plays of T. S. Eliot*, Faber and Faber, London, 1978, pp. 115~126에서 인용함.

캐니발(Cannibal), 미셔너리(missionary)라는 평범하지 않은 어휘가 포함되어 있으나 리듬은 좀 더 빠른 박자로 진행된다.

스위니	당신을 식인종 섬으로 데려 갈 거야.
도리스	당신이 식인종이 될 거요!
스위니	당신은 선교사가 되겠지.
	당신은 나의 작은 일곱 돌 선교사가 되는 거다!
도리스	당신이 나를 데려가 버린다고? 식인종 섬으로?

SWEENEY	I'll carry off
	To a cannibal isle.
DORIS	You'll be the cannibal!
SWEENEY	You'll be the missionary!
	You'll be my little seven stone missionary!
	I'll gobble you up. I'll be the cannibal.
DORIS	You'll carry me off? To a cannibal isle?

'식인종'이 사는 섬으로 여인을 끌고 가겠다는 스위니의 말은 '캐니발'을 반복함으로서 '프롤로그'의 희롱조에서 벗어나서 어떤 괴기적(grotesque)인 행동을 시사한다. 긴장감을 자아내는 특정한 어휘의 반복은 극적 동작을 사실적으로 표현하는 방법보다 시각적으로 박력감을 표출시킨다. 50년대 후반의 핀터의 극에서도 얼핏 무의미하게 보이는 단어의 반복을 통해 현대인의 삶의 불안감이 표현되고, 단절된 인간관계를 암시하기도 했다.

엘리엇이 표현하고자 한 스위니의 의식세계도 지적 사고와 논리적 진술이 결여된 채, 특정한 단어의 반복으로 강박관념에 사로잡혀 있는 불안한 상태이다. 현대문명과 거리가 먼 '캐니발'이란 어휘는 주인공의 의식을 살피는데 있어 매우 긴요한 단서가 된다. 죄악 있는 이 세상으로부터 도리스와 함께 도피하고자 하는 곳은 그의 의식 속에서 갈망하는 원시적인 섬이다. 그곳에는 현대생활을 상징하는 물건들이 없다는 것이 강조되고 있다.

> 그것이 악어 섬에서의 생활이야.
> 전화도 없고
> 축음기도 없고
> 2인승도, 6인승도 없지.
> 씨트로엥도 롤스로이스도 없지.
> 먹을 것이라곤 야생 과일뿐이지.
> 볼 것이라곤 한쪽에 야자수들
> 다른 쪽엔 바다,
> 들리는 것이라곤 밀려오는 파도 소리.
> 세 가지 말고는 아무것도 없지.

> Well that's life on a crocodile isle.
> There's no telephones.
> There's no gramophones.
> There's no motor cars.
> No two-seaters, no six-seaters,
> No Citroen, no Rolls-Royce.
> Nothing to eat but the fruit as it grows.
> Nothing to see but the palmtrees one way
> And the sea the other way,

Nothing to hear but the sound of the surf.

Nothing at all but three things

여기에 열거된 물품들은 현대인의 세속적 욕망을 충족시켜 주는 것들이며, 특히 도리스와 같은 계층에서는 선망의 대상물이다. 자동차 중에서도 명차의 이름들인 시트로엥이나 롤스로이스는 스위니나 도리스의 처지로서는 소유 불가능한 것이고, 그들의 아파트 규모가 2인용, 6인용 소파를 마음대로 들여놓을 수 있는 호화스러운 것이 못됨을 우리는 짐작하고 있다. 어느 계층의 현대인이 통상적으로 물질적 욕망의 대상으로 삼는 그러한 품목들로부터 외면하고자 하는 스위니는 그것들이 표상하는 가치에 대하여도 환멸을 느낀 특이한 인물이 된다. 스위니가 말한 '악어의 섬'은 휴 케너(Hugh Kenner)가 지적한대로 고갱의 낙원도 아니며 소루우(Thoreau)적인 은신처도 아닌 어떤 강렬한 형이상학적 순수성에 대한 갈망의 '객관적 상관물'이라고 할 수 있다.[38] 또한 스위니가 겪어온 현실세계에 대한 강한 거부의 표시로도 상징된다.

그러나 '악어의 섬'에서 정신적 재생이 가능한 것은 아니다. 그 섬은 비록 현세적 구속은 없을지 모르나 무의미한 삶의 회전이 있을 뿐이다.

출생과 관계(성적)와 죽음
사물의 핵심을 보자면 모두 그런 것뿐
출생, 그리고 관계, 그리고는 죽음
태어났다는 것, 한번이면 족하지.
당신은 기억하지 않겠지만 난 기억한다.

---

38) Hugh Kenner, *The Invisible Poet T. S. Eliot*, Methuen and Co. London, 1979, p. 195.

한번이면 족해.

Birth, and copulation, and death.
That's all the facts when you come to brass tacks:
Birth, and copulation, and death.
I've been born, and once is enough.
You don't remember, but I remember.
Once is enough.

'죽음과 삶이 혼합된' 공포의 도시로부터 스위니의 죄의식을 완전히 해결해 줄 수 있는 사랑과 평화의 섬은 아니다. '탄생, 그리고 관계, 그리고는 죽음'(Birth, and copulation, and death)의 원시적 야성의 회전만이 있는 곳이다. 진정한 사랑을 경험하지 못한 스위니에게는 거주의 장소가 바뀐다 해도 아무런 소용이 없으며, 삶은 한번만으로 족하다는 체념만이 강화되고 있다. 재생을 원치 않을 만큼 철저히 고독하고 소외된 인간의 모습을 스위니는 표출하고 있는 것이다. 문명의 혜택도 정신적 유산도 받지 못한 사회하층의 삶을 엘리엇은 재즈시대의 희화적 풍경에 어울리는 모습으로 묘사한다.

현실을 거부하는 스위니에게는 그만한 이유가 있음을 알게 된다. 그는 '야생의 삶이 어찌 사람의 생일 수 있겠는가'며 공포감을 나타내는 도리스에게 살인자의 경험을 비유하여 삶과 죽음이 동일함을 강조한다.

도리스   그것은 삶이 아니에요. 그것은 인생이 아니죠.
         그렇다면 그냥 죽는 것이 훨씬 낫죠.
스위니   그게 삶이란 거지. 그것이 바로.

도리스	무엇이 말예요?
그것이 무엇이 삶이에요?	
스위니	삶이란 죽음.
나는 어떤 남자가 한번은 여자를 가둔 것을 알지 –	

DORIS	That's not life, that's no life
	Why I'd just as to be dead.
SWEENEY	That's what life is. Just is.
DORIS	What is?
	What's that life is?
SWEENEY	Life is death.
	I knew a man once did a girl in —

　　그러나 도리스처럼 죄의식조차 없는 무감각한 인간형에게는 스위니의 절망이 공감되지 못한다. 그녀는 삶다운 삶을 살지 못하면서도 죽음을 두려워하는 무의식의 인간형이다. 엘리엇의 프루프록(Prufrock)이 과잉된 지적 자아의식 때문에 단순한 사랑도 막중한 과업으로 오인하고 우유부단함을 계속 드러내다가 드디어 이상을 추구하며 자위하는 현대인의 모습을 상징한다면, 여기에 등장하는 도리스는 의식결핍증에 걸려 의지력과 사고력을 상실한 계층의 여성임을 보여준다. '죽음과 삶'을 동일시하는 스위니와는 반대로 도리스는 죽음을 피하면 삶이 있다고 생각하는 것이다. '생중사'의 모티브는 "이스트 코우커"(East Coker)에서도 사용되고 있지만, 스위니는 이것을 어느 살인의 경험과 연관시킴으로써 보다 실감 있게 토로한다.[39] 어떤 범죄에 관한 이야기가 타인의 죄가 아니라 바로 화자 자신의

---

39) Jonathan Barker, "Sweeney Agonistes" *Agenda*, Vol. XXIII, No. 1~2, Spring Summer

것일 수 있다는 시사가 곧 다음의 대사로 빠르게 이어지면서 스위니의 내면은 갑자기 모습을 드러낸다.

누구도 그럴 수 있지.
어떤 남자건 그래야 하고, 그럴 필요가 있고, 그러기를 원하고
일생의 한번쯤은, 여자를 가두어 놓는 일을

Any man might do a girl in.
Any man has to, needs to, wants to
Once in a lifetime, do a girl in

누구든지 한번쯤은 그런 일을 범할지도 모른다는 위험의식의 표출은 도덕성을 상실한 인간이 항상 자기파멸의 결정적 순간을 스스로 예상하며 번민하는 심중을 엿보게 한다.

그대에게 후우-하 소리가 있을 것이다.
후우 후우 후우
그대는 꿈을 꾸었고 일곱 시에 일어났지
안개 끼고 습하며 새벽이고 어둡지
그리고는 노크 소리와 자물쇠 돌리는 소리를 기다린다
사형집행자가 그대를 기다리고 있는 것을 알고 있기에.
그리고 어쩌면 그대는 살아 있는지도
그리고 어쩌면 죽어 있는지도

(1985), p. 109 "East Coker"의 다음 구절 참조. "Home is where one starts from. As we grow older. The World becomes stranger, the pattern more complicated of dead and living."

후우 하 하 ...
노크 노크 노크

you've got the hoo-ha's coming to you.
Hoo hoo hoo
You dreamt you waked up at seven o'clock and it's
    foggy and it's damp and it's dawn and it's dark
And you wait for a knock and the turning of a lock
    for you know the hangman's waiting for you.
And perhaps you're alive
And perhaps you're dead
Hoo ha ha ...
KNOCK KNOCK KNOCK

악몽을 상징하는 "hoo-ha's"나, 체포자의 도달을 공포 속에서 예감하는
"knock"의 반복은 스위니의 죄의식을 극대화시킨다. 조롱하는 웃음소리와
함께 문을 두드리는 소리는 그를 구원해 줄 사람의 방문이 아님을 확인시
키고 있는 것이다.

　결국 도리스에게도 스위니의 불안과 공포는 전달되지 못한다는 사실
을 관객은 충격으로 받아들이게 된다.

내가 당신들에게 얘기할 땐 말을 사용해야겠다
그러나 당신들이 알아듣건 알아듣지 못하건
나하고는 상관없는 것이고 당신들에게도 상관없다

I gotta use words when I talk to you

But if you understand or if you don't
That's nothing to me and nothing to you

이 세상에서 구원의 손길을 기대할 수 없다는 허무감이 "나하고는 상관없는 것이고 당신들에게도 상관없다"는 자포자기의 말로 토로되고 있다.

데이빗 존스는 이 극이 현대사회에의 지극한 저속한 삶이 적나라하게 비쳐진 것이며, 정신적 재생을 거부할 정도로 극한 상황을 묘사한 것이라고 논평한다.[40] 또한 추리극에 익숙해진 관객이라면 스위니를 마치 살인자일 것이라는 가정 하에 그가 말한 "그가 한동안은 날 보러 왔었지 / 난 마실 것을 주고 기분을 맞춰줬지"(He used to come and see me sometimes / I'd give him a drink and cheer him up)라는 말은 그 자신의 범죄를 은폐하기 위해 살인자가 때때로 자기를 방문했던 것처럼 가장한 것으로 해석하기 쉽다고 지적한다.[41] 이러한 지적은 이 극을 단순히 하나의 추리물로 보아 넘기려는 관객의 시각에 경고를 준 것으로 해석된다.

휴버트 호워스(Hurbert Howarth)도 1920년대와 30년대의 영국인들이 가졌던 추리물에 대한 흥미를 주시하여, 그들이 조석으로 범죄 사건을 대했기 때문에 셰익스피어에게 범죄사건이 흥미 있는 소재를 제공했던 것처럼 이 극의 살인 이야기는 당시 관객에게 흥미거리였을 거라고 말한다.[42]

---

40) David E. Jone, *The Play's of T. S. Eliot*, Routldege and Kegan Paul, London, 1969, p. 33.
41) Ibid., p. 34.
42) Herbert Howarth, *Figures Behind T. S. Eliot*, Chatto and Windus, London, 1965, p. 312. Howarth는 엘리엇이 *Criterion*에 Laverworth Case같은 스릴러에 대해 자주 평을 쓴 것으로 보아서 'a late murder'에 연관된 극을 쓰고 싶었을 것이라고 부언한다.

엘리엇 자신도 추리물이 어느 시대에서나 끊임없이 대중에게 흥미를 줄 수 있는 것임을 상기시키면서, 현대에 그러한 유형의 극이 드물다는 것은 이상한 일이라고 말한 바 있다.[43] 그러나 필자의 견해로는 엘리엇이 관객에게 흥미거리를 제공해 주기 위해 이 극을 썼다고는 생각하지 않는다. 엘리엇의 『스위니 아고니스테스』는 어느 살인자가 여자를 목욕탕에 밀어 넣어 리졸(a gallon of lysol)을 푼 물속에서 죽게 했다는 괴기적 사건이 플롯의 핵심은 아니다. 스위니의 말대로 그 살인자는 2개월 동안 태연하게 우유배달과 아파트세를 지불하며 살고 있었는데도 그동안 아무도 상관하는 사람이 없었다는 것이다. 그가 잡혔는지에 대한 관심은 스위니의 심중에는 없으며, "아무도 오지 않았고 / 아무도 가지 않았지"라는 고립된 인간의 상황이 그를 괴롭힌다.

왜냐하면 그대가 혼자일 때
그가 혼자일 때처럼 그대가 혼자일 때
그대는 살아 있거나 죽었거나
거듭 말하지만 그건 문제가 아니지
죽었건 살았건 아니면 살았건 죽었건
죽음은 삶이고 삶은 죽음

For when you're alone
When you're alone like he was alone

Helen Gadner 여사도 News of world에 실린 스위니의 일화를 그로테스크하게 상징시켰다고 지적한다. Helen Gadner, p. 312 참조.

43) Eliot, "Seneca in elizabethan Translation," *Selected Essays*, Faber and Faber, London, 1951, p. 81.

You're either or neither

I tell you again it don't apply

Death or life or life or death

Death is life and life is death

　그 살인자와 마찬가지로 인간이 고독한 존재일 때는 어떤 끔찍한 일
도 저지를 수 있다는 공포감이 스위니를 사로잡고 있는 것이 이 극의 현
실이다. 살인자에게 구원의 손길이 전혀 닿지 않고 있는 현실에 스위니는
자신에게도 동일하게 언젠가는 그런 상황이 도래할 것이라는 불안을 감지
하고 있는 것이다.

　이 극을 추리극으로 볼 수 없는 또 다른 이유는 극적 구조에서도 찾아
볼 수 있다. 일반 추리물이 갖는 사건의 전개, 발견, 결말의 삼단구성이 질
서 있게 짜여 있지도 않으며, 사건이 스위니라는 한 인물의 내면의식 속에
서 자리하고 있을 뿐, 다른 인물들은 이를 목격하지도 이해하지도 못하고
있기 때문이다. 또 이 극의 플롯이 되기에는 표면에 부각되는 사실들이 분
명치도 않다.

　브래드브룩(Bradblook)은 스위니의 세계를 그레엄 그린의 초기소설들,
또는 핀터의 극세계와 흡사한 분위기를 자아낸다고 지적하고 있다.[44] 그
것은 폭력단, 창녀들, 미련한 비즈니스맨들이 모두 내면의 공포의식을 지
니고 사는 세계다. 엘리엇은 이러한 무법천지와 같은 사회의 일면을 긴박
한 공포감을 나타내는 언어와 리듬으로 표출시키고 있다. 엘리엇은 음(音)
의 효과가 작품의 의미를 표현하는데 있어서 긴밀한 연관성을 지닌다는

---

44) Muriel C. Bradbrook, "*T. S. Eliot*" *British Writers*, ed. by Ian Scott-Kilvert, Charles
　 Scribers Sons, New York, 1984, p. 157.

것을 다음과 같이 말한다.

> 시의 음악은 의미와 유리되어 있는 것과는 다르다. 그렇지 않다면, 우리는 의미가 없는 대단한 음악적 미가 있는 시를 갖게 되는 것인데, 나는 그런 시를 보아온 적이 없다. 명백한 예외란 단지 정도의 차이쯤이며, 어떤 시들은 우리가 그 음악에 의해서 감동되고 으레 의미가 있는 것으로 아는데, 그것은 시들은 그 의미에 집중되어 음악은 주의를 기울이지 않고도 감동되는 바와 같다.

> The music of poetry is not something which exists apart from the meaning. Otherwise, we could have poetry of great musical beauty which made no sense, and I have never come across such poetry. The apparent exceptions only show a difference of degree, there are poems in which we are moved by the music and take the sense for granted, just as there are poems in which we attend to the sense and are moved by the music without noticing it.[45]

우리는 시의 음악성이 극의 전체적 의미에 자연스럽게 융합되고 있을 때 감동을 받게 된다. 특히 『스위니 아고니스테스』와 같은 단편적인 작품에서는 등장인물들의 짧은 대사, 단절되는 대화, 맥락이 끊기는 단어들의 나열 등으로 해서 그들이 처해 있는 상황이 명료하게 설명되는 일이 거의 없다. 사실 그들이 사용하는 낱말 가운데 죄라든가, 구원이라든가 하는 용어는 거의 찾아볼 수 없다. 그럼에도 불구하고 우리는 그들이 사용하는 언

---

45) Eliot, "The Music of poetry," *Selected Prose*, ed. with an Introduction by John Hayward, Penguin Books, London, 1953, p. 56.

어의 음률에서 현대적 감성을 쉽게 감지할 수 있는 것이다.

20년대를 상징하는 리듬은 감각적인 대중가요의 재즈 리듬이었다. 관능적이고 허식에 찬 통속음이다. 『스위니 아고니스테스』의 인물들의 허식적인 삶의 단면을 현대생활의 물질 치중을 대변하는 전화기를 통하여 보여준다.

전화   팅 아 링 링
             팅 아 링 링
더스티   페레이라로구나
도리스 그래, 페레이라야.
더스티   자, 어떻게 하지?
전화   팅 아 링 링
             팅 아 링 링

TELEPHONE Ting a ling ling
             Ting a ling ling
DUSTY   That's Pereira
DORIS   Yes that's pereira
DUSTY   Well What you going to do?
TELEPHONE Ting a ling ling
             Ting a ling ling

전화를 통한 화법에서도 화자의 사회적 신분을 짐작케 하는 억양이 있다. 도리스와 더스티의 생활에서는 전화가 필수적인 상업 수단임에도 불구하고 그들은 전화 받기를 서로 미루다가 마지못해 더스티가 응답한다.

헬로, 헬로, 거기 누구시죠?

네, 여긴 미스 도랑스의 '아파트'인데요 —

아, 당신이 미스터 페레이라시군요? 안녕하십니까?

아, '실은' 죄송합니다. 죄송합니다.

실은 도리스가 오한이 나서 집에 왔어요.

아니, 그냥 한기만 있어요.

아, 단지 한기라고 '생각'하는데요.

Hello Hello are you there?

Yes this is Miss Dorrance's *flat* —

Oh Mr. Pereira is that you? how do you do!

Oh I'm *so* sorry. I am *so* sorry.

But Doris came home with a terrible chill

No, just a chill

Oh, I *think* it's only a chill

진실이 결여된 무의미한 단어의 반복에서 그들의 허식적 삶의 모습이 연상된다. 반복되는 "so sorry"와 "한기(寒氣)"(a chill)라는 일상적 관용구는 이들의 경우에 있어서 진실을 말하는 것이 아니라 거짓을 강조하고 있을 뿐이다. 카드놀이를 계속하면서 나누는 둘의 대화도 역시 현실의 진실보다는 막연한 미신에 희망을 걸고 있음을 알 수 있다.

더스티   이상한 일이네. 어째서 나는 그림패 카드만 빼낼까 —

도리스   그런 카드를 뽑을 운수인가 봐.

더스티   그렇게 느껴지는 것이 무서운 것이지.

도리스   때로는 카드가 전혀 아무것도 말해 주지 않을 때가 있지.

더스티	무엇을 알고 싶은지 알고 있어야 해.
도리스	무엇을 알고 싶은지를 알아야 해.

DUSTY	It's a funny thing how I draw court cards —
DORIS	There's a lot in the way you pick them up
DUSTY	There's an awful lot in the way you feel
DORIS	Sometimes they'll tell you nothing at all
DUSTY	You've got to know what you want to ask them
DORIS	You've got to know what you want to know

"got to know"의 반복 역시 습관적 발언으로 '알아내야 한다'는 강력한
의지의 표현이라기보다는 그들의 허구적 생활로부터 구출될 수 있는 방도
가 있을지도 모른다는 막연한 희망을 담고 있는 것이라고 볼 수 있다. 도
리스와 더스티의 대화처럼 극중 인물인 클립스테인(Klipstein)과 크럼패커
(Krumpacker) 사이에서도 같은 발언의 반복을 볼 수 있으며, 그로버 스미
스는 이 수법이 대중극 막간에 등장하는 희극배우들의 '허황된 말의 되풀
이'라고 지적한다.46) 이러한 언어형태를 통하여 목적 없는 삶의 시간들을
이어가는 현대인의 조야한 단면이 나타난다.

엘리엇은 현대시극의 언어는 일상어야 한다는 원칙에서 극작을 시작
했고, 살아 있는 현대어의 리듬과 일상적인 관용어와 거리가 먼 용어의 채
택은 극의 생명을 잃게 하는 것으로 보았다. 그는 시대적 특징을 포착하는
용어를 발견해야 되는 시인의 의무를 다음과 같이 주장한다.

---

46) Grover Smith, *T. S. Eliot's Poetry and Plays*, The University of Chicago Press, 1974, p.
122.

... 시인의 임무는 그의 개인적 성격에 따라 다를 뿐 아니라 자신이 속해 있는 시대에 다라 다르다. 어떤 시대에서는 그의 임무가 시어의 관용구가 말의 관용구와 연관되어 있는 기존의 관례에서 음악성의 가능성을 탐구하는 것이며, 다른 시기에서는 구어체 말의 변화를 따라가는 것으로, 그것은 근본적으로 생각과 감성의 변화를 말하기 때문이다.

... the task of the poet will differ, not only according to his personal constitution, nut according th the period in which he finds himself. At some periods, the task is explore the musical possibilities of an established convention of the relation of the idiom of verse to that of speech; at other periods, the task is to catch up with the changes in colloquial speech, which are fundamentally changes in thought and sensibility.[47]

시어의 혁신으로 한 시대를 대표했던 17세기 존 던(Donne)이나 19세기의 워즈워드의 경우처럼 엘리엇은 일상적 구어를 시대적 감상과 사상을 표현하는데 적절한 것으로 보고 그것의 음악성을 시에서 추구해야 한다고 말한다. 또 이것은 단지 시에 국한되는 문제일 뿐 아니라 시극작가에게도 해당되는 의무임을 훨씬 이전에 피력한 바 있다.[48] 또한 관객이 극장 밖의 삶에서 경험하는 언어형태를 극장 안으로 끌어들여야 한다는 것이 엘리엇의 취지였다.

---

47) Eliot, "the Music of Poetry," p. 63 참조, 시극의 언어가 관객의 일상적 언어와 동일해야 한다는 주장은 "Poetry and Drama"에서도 피력되고 있다. *On Poetry and Poets*, The Noonday Press, 1961, p. 87.

48) Eliot, "Dramatic Poetry," *Selected Essays*, p. 57.

우리가 해야 할 일은 시를 관객이 사는 세계 속으로 들여오는 것이며, 또한 시가 극장을 떠날 때는 관객에게 돌아가는 것이며, 관객으로 하여금 시가 견딜만한 가상의 세계이지, 전적으로 다른 상상의 세계 속으로 가게 만드는 것은 아니다.

What we have to do is bring poetry into the world in which the audience lives and to which it returns when it leaves the theatre; not to transport the audience into some imaginary world totally unlike its own, an unreal world in which poetry is tolerated.[49)]

이렇게 볼 때 『스위니 아고니스테스』의 언어는 엘리엇이 본 극장 밖의 현실을 표현한 것으로 해석할 수 있다. 스위니처럼 무의미한 나날을 보내는 삶, 런던을 방문하고 있는 어리석은 미국 상인들, 그들 모두는 마치 경희가극의 배우들처럼 허황된 말장난으로 내면의 불안을 은폐하고 있는 것이다. 그것이 곧 스위니의 세계이며 관객들의 현실세계인 것이다.

이 극의 배경 설정이 런던이라는 점에서 흔히 이 극을 엘리엇의 황무지적인 서구 정신문명의 불모현상과 연관시키기도 한다. 그러나 프렛 크로포드(Fred Crawford)는 이 극이 피츠제랄드의 『위대한 개츠비』를 연상시킬 만큼 보다 미국적인 의미를 상징한다고 지적하고 있다.[50)] 바바라 에버렛 여사도 이 극의 '미국적 요소'(Americaness)를 강조하면서, 『황무지』가 원래는 '미국의 시'(poetry of America)를 '유럽의 시'(poetry of Europe)와 결

---

49) Eliot, "Poetry and Drama," *Selected Prose*, p. 79.
50) Fred D. Crwaford, "T. S. Eliot," *Modern British Dramatists 1900~1945*, Dictionary of Literary Biography, Vol. X. 1982, p. 170. Crawford는 엘리엇이 *Sweeney Agonistes*를 쓰기 전, *The Great Gatsby*를 세 번이나 읽었다는 사실에 주의를 환기시킨다.

합시키기 위한 것이었던 것처럼, 『스위니 아고니스테스』도 '미국인의 유럽 비희극'(a Europe tragic-comedy in American)으로 해석하고 있다.[51] 특히 스위니의 어조에서 'Americanes'가 두드러지게 나타난다.

우리는 모두 해야 할 일을 해야 한다
우리는 여기 앉아서 이 독한 술을 마셔야지
우리는 여기 앉아서 노래를 부를 것이다
우리는 머무를 것이고, 그리고는 갈 것이다
그리고 누군가가 집세를 치러야겠지

We all gotta do what we gotta do
We're gonna sit here and drink this booze
We're gonna sit here and have a tune
We're gonna stay and we're gonna go
And somebody's gotta pay the rent

마치 일부 미국 남부지역 언어의 억양과, 또는 시카고 갱스터의 말투를 연상케 하는 "나는 어떤 남자가 한번은 여자를 가둔 것을 알지. 누구도 그럴 수 있지"(I know a man once did a girl in. Any man might do a girl in)의 어법은 미국적이라는 인상을 짙게 한다. 그러나 이 극의 주제가 갱스터가 많았던 미국의 특성을 제시한 것은 아니다.[52] 에버렛 여사의 의견처럼

---

51) Barbara Everett, "The New Style of Sweeney Agonistes," *The Yearbook of English Studies*, Vol. 14, 1984, p. 251.
52) 필자는 Matthiessen이 지적한 'any private reference'는 'unconsciously general'한 것과 유관하다는 해석에 동의하여 엘리엇이 특별히 지역적 편견을 이 극에서 표현한 것은 아니라고 본다. F. O. Matthiessen, p. 65. "(things definite or precise) will stand

이 극은 구라파와 미국적인 것이 통합되어 있는 현대도시의 생활 형태를 상징적으로 제시한 것이며, '심각한 지적 내용'을 이제까지의 영국적 전통에서 사용되지 않았던 '통속어'를 그 표현매체로 하여 사용한 것이다.[53]

사실주의극 전통에 익숙해 있던 관객에게 엘리엇은 현대인의 정신세계를 사실주의극 형식이 아닌 '뮤직홀 스타일'로 표현함으로써 시대적 감성과 부합되는 극적 분위기를 표출시켰다. 그러나 관객들의 감수성이 스위니의 절박한 불안의식을, 그들 자신의 정신세계를 대변해 주는 것으로 받아들였는지는 의문이다. 앞서 지적한 것처럼 극 중 어느 누구도 스위니를 이해하지 못한 채 그는 고립되어 있다. 그의 소외된 존재는 당시 관객들의 미미한 반응을 참작해 볼 때,[54] 극중 인물로부터 소외되고 있을 뿐 아니라 극장 밖의 현대관객의 관심도 끌지 못했음을 짐작케 한다. 그로버 스미스는 엘리엇이 풍자적 경희가극형식(farcical musical style)을 사용한 것 자체가 진지한 주제를 다루는 데 적합하지 않은 일이라고 논평했으며,[55] 휴 케너도 스위니라는 인물이 무슨 소리를 하고 있는지 아무도 알 수 없다고 말하면서 주인공의 사상이 객관적으로 행동화되지 못한 점이 이 극을 비극적인 것으로 만들고 있다고 지적하고 있다.[56] 만일 엘리엇이 『스

---

for something larger than themselves; they will not depend for their apprehension upon any private reference, but will become 'unconsciously general.'"

53) Everett, p. 251. 영국극의 전통이 진지한 것은 진지하게 표현해야 된다는 일반적 관습을 엘리엇은 탈피한 것으로 본다.

54) Fred D. Crawford, p. 171. Crawford는 『스위니 아고니스테스』가 1934년 Rupert Doone's Group Theatre에서 공연되었을 때 관객이 엘리엇 자신을 합쳐 겨우 30명 밖에 되지 않았고, 그 후에도 장기공연의 기록을 세우지 못했음을 밝히고 있다. 그러나 이 극은 1950년대의 영국 전통극을 앞선 현대적 극작품이었다고 논평한다.

55) Grover Smith, p. 118. Smith는 같은 책의 114쪽에서도 극의 플롯을 'internal data'에 의해 구성하고자 한 것은 성공적이 아니라고 지적하고 있다.

56) Hugh Kenner, p. 191.

위니 아고니스테스』의 내용을 사실주의 기법으로 극화하여, 살인사건의 행동화, 주인공의 죄의식을 인물들 간의 대결에서 형상화시켰다면 관객은 보다 명확한 해답을 이 작품에서 받았다고 생각할지 모른다. 왜냐하면, 관객들은 그러한 죄의 문제가 자신들과는 무관한 특정한 인물 스위니에게 국한된 것으로 간주할 수 있기 때문이다. 그러나 엘리엇은 죄의 의미를 누구든 한번쯤은 그런 일을 저지를 수 있다는 근원적인 죄의식의 문제로 귀착시킨다. 이 극의 말미에서 워초프(Wauchope), 호스폴(Horsfall), 클립스테인, 크럼패커가 합창으로 읊는 마지막 대사에서 엿볼 수 있듯이, 그들 역시 죄의식을 스위니에게만 국한시켜 조소하듯 그의 공포감을 가중시키고 있다.

한밤중에 그대가 단 혼자여서
　　땀과 공포의 지옥에서 깨어날 때
침대 한복판에 그대가 혼자일 때
　　누군가 그대의 머리를 때린 듯 잠에서 깨어날 때
그대는 악몽 중에 악몽을 꾸어
　　후우-하 소리가 그대에게 오게 된 것이지.
……
후 하 하
후 하 하
후
후
후
노크 노크 노크
노크 노크 노크

When you're alone in the middle of night and

    you wake in a sweat and hell of a fright

When you're alone in the middle of the bed and

    you wake like someone hit you in the head

You've had a cream of a nightmare dream and

    you've got the hoo-ha's coming to you.

Hoo hoo hoo

......

Hoo ha ha

Hoo ha ha

Hoo

Hoo

Hoo

KNOCK KNOCK KNOCK

KNOCK KNOCK KNOCK

   그들은 도리스나 더스티 같은 여인들을 런던 아닌 어느 지역에서도 만날 수 있는 일군의 상인들이다. 그들이 미국인들이라는 점을 감안할 때 스위니와 그들과의 거리감은 같은 지역의 두 여인들 보다 훨씬 소원할 수 있는 타인들인 것이다.

   엘리엇은 스위니를 모든 인물로부터 유리된 존재로 부각시킴으로써 그의 고뇌의 극한점을 강조한다. 케너가 이 극의 인물들이 무슨 말을 하고 있는지 아무도 모를 정도라고 한 것과는 대조적으로, 캐롤 스미스는 이 극의 주제를 '좌절된 감성의 고뇌', 문화적 정신적 불모에 이르는 '모순된 성윤리', '질서의식의 상실', 지적 불모를 초래하는 '전인적 삶의 부재' 등

으로 요약하고 있다.[57] 엘리엇은 특히 프롤로그에서 현대 정신세계의 몰
각(沒却)과 인간의 속화를 상징하는 카드놀이를 통해 마치 황무지의 제1부
"사자의 매장"에서의 장기놀이과 같은 공허하고 무의미한 삶을 묘사하였
다. 제2부 "식인종"(Fragment of an Agon)에서는 엘리엇의 후기극으로 발전
해 가면서 볼 수 있는 심리적 갈등과 죄의식의 문제가 제기되고, 주인공의
소외감과 불안의식이 구원의 빛을 발견하지 못하고 좌절되는 심리사태가
긴박한 리듬에 의해 표현되고 있다.

지금까지 살펴본 스위니의 의식은 살인 이야기를 하는 데서 환상과
현실의 불투명한 정신세계를 엿보게 했으며, 구원받을 수 없는 속세적 삶
을 원처로 귀환시키는 문명의 후퇴 내지는 거부를 보인다. 그러나 피어스
그레이(Piers Gray)가 지적한 것처럼 『황무지』에서의 지극히 문학적이며
철학적인 내용이 거의 삶 부재의 경지(an inhibiting degree)를 묘사한 것과
는 달리, 이 극의 철학적 진실은 마치 시장에서 사용되는 말처럼 생동감
있게 표현함으로써 살아 있는 인간의 감성을 수반하게 하였다.[58]

스위니의 대사 속에는 "선교사"(missionary), "개종자"(convert)라는 종교
적 용어가 들어있다. 그러나 "I'll be the cannibal"이라는 부정적인 말로서
구원의 빛을 발견하지 못한 그의 절망적인 심정이 토로되고 있다. 엘리엇
은 1920년대의 정신적 방향을 잃은 사회상 속에 한 예민한 감성의 소유자
가 겪는 죄의식의 고통을 부각시키면서 그 영혼의 구원 문제를 현대인의
공통명제로 제시한 것이다.

---

57) Caral H. Smith, *T. S. Eliot's Dramatic Theory and Practice*, Princeton University Press, 1963, p. 34.
58) Piers Gray, *T. S. Eliot's Intellectual and Poetic Development*, The Harvester Press, Sussex, 1982, p. 231.

제4장

죄의식과 속죄
『가족의 재회』

제2장에서 살펴본『스위니 아고니스테스』에서는 죄의식에 사로잡힌 주인공이 현대 도시의 삶 속에서 구원의 길을 발견하지 못하고 원초적 삶으로 도피하고자 하나 그 곳에서도 재생의 가능성은 희박하다고 암시되었다.

본 장에서 살펴볼『가족의 재회』에서는 스위니처럼 죄의식을 지닌 주인공이 그를 압박해온 저주가 실은 인간의 원죄와 인간성의 타락을 일깨워 주는 양심의 소리로서, 은총의 신이 보낸 사자와도 같은 역할을 한다는 것을 인식하게 된다. 이러한 각성이 있은 후, 그는 죄의식을 속죄하기 위해 세속적 삶을 떠나 신의가 이끄는 '광명의 길'로 향할 것을 결심하게 된다. 그의 새 출발은 그 자신의 정신적 정화를 뜻하는 동시에 그의 가문에 암운처럼 신의를 가로막아 온 저주의 그림자를 종식시키고 평화의 질서를 되찾게 해준다. 따라서 이 극에서의 구원의 의미는 한 개인의 정신적 재생뿐 아니라 극의 제목이 시사하듯 한 가족의 새로운 결합을 함축시켰다고 볼 수 있다.

이 극은 아이스킬로스(Aeschylos)의 삼부작『오레스테리아』(Oresteria) 중, 특히 마지막 극인 '에우메니데스'(Eumenides)와 긴밀한 유사성을 갖고 있다. 신화세계에 내재된 혈육상살의 죄악과 이로 인해 내려진 아트레우스 가문의 저주는『가족의 재회』의 몬첸시(Monchensey) 가문에 내려진 의미와 유사하다. 엘리엇은 아이스킬로스처럼 원시적인 피의 싸움을 묘사하지는 않았지만, 인간성 깊숙이 카인의 속성을 상징하는 살해행동과 증오심이 저주의 근원임을 밝힌다. 두 극은 똑같이 어떤 질서가 회복되지 않는 한 끝없이 계속될 저주 속에서 인간의 영혼이 구원될 수 없음을 보여준다. 아이스킬로스가 신화세계에서 가능한 신의의 변화에 의해 인간의 죄악을 벗어나게 한데 비해 엘리엇은 인간 스스로가 신의를 발견하는 정신적 각성에서 구원의 길을 열어 주고 있다.

제 4장은 인간 영혼의 속죄와 구원의 문제를『가족의 재회』에서 제시되고 있는 선과 악의 문제, 인간성의 타락, 죄의식을 통한 자아발견, 속죄와 영적 성숙을 이루어 재생되는 인간의 삶을 엘리엇의 기독교적 개념으로 조명해 보는 데 목적이 있다. 이 극을 기독교적 관점에서 고찰해 보는 것은 작품의 배경이 가독교적 풍토와 정신문화를 계승하고 있는 현대이고, 이러한 현대의 인간의 삶 속에서도 신화세계에서와 같은 원초적인 죄악이 되풀이 되고 있다는 사실이 중요한 문제로 제기되기 때문이다. 또한 이 극의 결말도 기독교적 의미의 영적선택(Spiritual election)으로 주인공의 구원의 가능성이 명시되고 있다.

엘리엇은 이미 『반석』과 『대성당의 시해』를 통해 현대 서구사회의 정신적 질서를 기독교의 가치관으로 회복시키고자 한 의도를 보였다. 두 극의 관객들은 종교적 축제에 참석한 특별한 관객들이고, 대부분이 종교적 주제를 용이하게 수용할 수 있는 기독교 신자들이다. 그러나 『가족의 재회』의 경우는 상업적인 극장의 일반 관객에게 역사적 인물이 아닌 현대적 성격의 주인공 해리(Harry)의 특이하고 이질적인 정신적 경험을 전달해야 하는 난점이 있다. 엘리엇은 현대의 일반 사람들은 외면상으로는 기독교 정신문화를 계승하고 있지만, 사실 기독교적 인생관을 포기했거나, 아니면 퇴조한 종교사상이라고 외면하거나, 또는 근본적으로 무지하여 편견에 차 있는 사람들이 많다는 것을 간과하지 않았다. 그는 『종교와 문학』(1935)에서 다음과 같이 시대적 특성을 밝힌다.

> 이제까지 우리 시대에서도 윤리적이고 신학적인 사항에 대해서는 공통적인 동의가 있었기에 문학비평이 독립적일 수 있었다. 우리와 같은 시대에서는 그러한 공통의 동의가 없으며, 기독교 독자들은 특히 상상물의 창작물일 경우에는 분명한 윤리적 신학적 기준에서 꼼꼼히 음미할 필요가 있는 것이다. 문학의 위대성은 단지 문학적 기준에서만 평가될 수 없는 것이다. 그러나 우리는 그것이 문학인가 아닌가는 오로지 문학적 기준에서 결정된다는 것을 기억해야 한다.

> In so far as in any age there is common agreement on ethical and theological matters, so far can literary criticism be substantive. In ages like our own, in which there is no such common agreement, it is the more necessary for Christian

readers to scrutinize their reading, especially of works of imagination, with explicit ethical and theological standards. The 'greatness' of literature cannot be determined solely by literary standards; though we must remember that whether it is literature or not can be determined only by literary standards.[59]

엘리엇은 현대가 윤리적 신학적 공감대가 형성되어 있던 시대들과는 다르다는 것을 강조한다. 그는 공통 규범을 상실한 오늘날의 독자에게 문학적 상상력만이 주축이 되는 작품보다 철학적 종교적 사상이 통합되어 있는 문학을 제공하는 일은 현대사회의 정신적 질서회복의 문제와 긴밀한 연관성을 지닌다고 생각했다. 이러한 엘리엇의 견해는 1950년의 <단테론>에서도 종교와 문학이 평형을 이루어 한 작품 속에 통합됨으로써 위대한 문학이 될 수 있음을 피력하고 있다.

예를 들어 영문학에서 우리는 위대한 종교 시인들을 갖고 있다. 그러나 그들은 단테와 비교하면 '전문가'들이다. 그들이 할 수 있는 것은 그것뿐이다. 그러나 단테는 다른 모든 것을 할 수 있기 때문에 그는 그러한 이유로 '종교' 시인인 것이다. 그러나 그를 '종교 시인'이라고 부르는 것은 그의 보편성을 약화시키는 것이 된다. 『신곡』은 감정의 흐름을 모두 표현했으며, 그것은 악행의 절망감과 축복의 비전 사이에서 인간이 경험할 수 있는 모든 감정의 표현이다.

We have for instance in English literature great religious poets, but they are, by comparison with Dante, *specialists*. That is all they can do. And Dante, because he could do everything else,

---

59) Eliot, "Religion and Literature," *Selected Essays*, Faber and Faber, London, 1951, p. 388.

is for that reason the greatest 'religious' poet, though to call him a 'religious poet' would be to abate his universality. *The Divine Comedy* expresses everything in the way of emotion, between depravity's despair and the beatific vision, that man is capable of experiencing.[60]

엘리엇은 영국의 종교작가들이 단테와 비교하여 너무나 종교 일변도의 경향을 띄고 있음을 지적한 것이다. 네빌 코길(Nevill Coghill)도 엘리엇이 『가족의 재회』에서 기독교에 대한 직설적인 교의나 상징들을(familiar symbols)을 피하고 있는 점이 엘리엇 자신이 지적한 영국의 종교전문가들과 다르다고 논평한다.[61]

인간 영혼의 구원의 문제를 기독교적 관점에서 다루면서, 기독교 교양의 상징들과는 달리 신화의 세계에서 볼 수 있는 이교적인 연상(overtone)과 영적 상징성에 의해 표현한 것은 비기독교적인 관객에게는 보다 유연한 보편적 재미를 제시한 것이 된다. 흔히 신화 속의 인물들은 추상적 유형이지만 개성 있는 인격체(personality)로서 문학 속에서 다루어 왔고, 현대의 일상적 인물들 속에서도 신화적인 영원한 유형이 보편적 인간성을 대표한다. 현대 신화비평의 총수 노스럽 프라이(Northrop Frye)는 신화 속의 신이나 주인공은 인간과 유사성을 지니면서도 자연에게 인간의 힘보다 큰 영향력을 행사하고, 때로는 무관심한 자연보다도 강한 전능의 시각(the vision of an omnipotent)을 구축해 나간다고 말한다.[62]

---

60) Eliot, "Dante," *Selected Prose*, ed. with an Introduction by John Hayward, Penguin Books, London, 1953, p. 101.
61) Nevill Coghill, *T. S. Eliot's The Family Reunion*, Faber and Faber, London, 1969, pp. 12~13.

이와 같은 해석을 『가족의 재회』의 주인공 해리의 성격을 고찰하는데 적절한 지침이 된다. 해리가 죄악을 의식하게 되는 심리적 경험은 비기독교인 뿐 아니라 기독교인의 시점으로 보아도 특이하게 이질적이다. 그는 현대의 인물이라기보다는 오히려 신화적 모형에 가까울 정도로 '전능의 시각자'로 발전해 간다. 그는 보통 사람이 보지 못하는 영적세계를 보는 것이다. 그러면 그러한 신화적 모형의 인물이 현대의 삶 속에서 선과 악의 문제에 어떻게 대처해 나가는 가를 신화세계의 죄의 개념과 대비시켜 살펴보고자 한다.

이상섭 교수는 신화란 옛날에 발생한 사실이라는 형식 속에서 현재의 삶을 변론하고 지도해 주기 때문에 신화는 현실의 생활과 미래를 규제하는 '종교의 경전'처럼 되기도 한다고 말한다.[63] 신화의 사용으로 종교사상의 표명뿐 아니라 문학으로서 현대의 삶을 예술화할 수 있다는 엘리엇의 주장은 그의 <율리시즈론>에서 찾아볼 수 있다.

신화를 수용하는데 있어서, 현대와 고대 사이의 연속적인 병행을 조율하는 것에, 조이스 씨가 추구하고 있는 방법은 다른 사람들도 그의 뒤를 따라 추구해야 하는 방법인 것이다. 그들이 모방자가 되는 것이 아님은, 이제는 과학자 아인슈타인의 발견을 그 자신의 독자적이며 앞으로의 연구를 추진시키는데 사용하는 것과 다를 바가 없다. 이는 단지 통어하고 질서를 잡으며 형태를 만드는 하나의 방법이며, 무익하고 무정부적인 오늘의 역사의 거대한 장면에 의미를

---

62) Northrop Frye, "The Archetypes of Literature," *The Kenyon Review*, XIII(winter 1951), quoted in Bernard F. Dukore, *Dramatic Theory and Criticism*, Halt Reinhart and Winston, New York, 1974, p. 900.

63) 이상섭, 『문학연구의 방법』, 탐구당, 서울, 1979, p. 182.

부여하는 길이다. 현대 세계를 예술이 가능하도록 만드는 방향으로 한발 나아가는 것이다.

In using the myth, in manipulating a continuous parallel between contemporancity and antiquity, Mr. Joyce is pursuing a method which others must pursue after him. They will not be imitators, any more than the scientist who uses the discoveries of an Einstein in pursuing his own, independent, further investigations. It is simply a way of controlling, of ordering, of giving a shape and a significance to the immense panorama of futility and anarchy whish is contemporary history. ... It is ... a step toward making the modern world possible for art.[64]

엘리엇은 조이스가 신화를 응용하여 현대와 고대를 병치시킴으로써 무질서하고 무의미한 현대 역사에 질서와 의미를 부여했을 뿐 아니라 현대적 세계가 예술의 소재가 될 수 있게 했다는 점을 높이 평가하고 있다. 이는 엘리엇 자신의 작품 세계에도 해당되는 말이다. 질서가 무너지고 혈육상쟁의 증오심으로 인해 악이 팽창해 가는 아트레우스 가문의 비극적 상황은 해리의 조상의 죄와 흡사하다. 엘리엇은 이 극에서 조이스처럼 고대와 현대를 병치시켜 죄악에 대한 근원을 밝히면서 질서를 회복하는 구원의 길을 제시하고 있다.

해리는 플롯에 있어서 오레스테스와 같은 역할을 한다. 오레스테스는 친모살해자로서 복수의 여신 에리니에스(Erinyes), 또는 퓨리스(Furies)에 의해 추방된다. 8년의 객지생활에서 돌아온 해리가 퓨리스와 대면하여 몬첸

---

64) Eliot, "Ulysses, Order and Myth," *The Dail*, LXXV(November, 1923), p. 483.

시 가문에 내려진 저주가 어두운 과거 때문이라는 것을 알게 된다. 오레스테스의 죄도 에우메니데스 이전에 벌어졌던 과거의 사건들과 연관이 있다. 『오레스테스』의 첫 극인 '아가멤논'에서 오레스테스의 부친은 트로이 전쟁에서 돌아오자 오레스테스의 모친과 그녀의 정부(情夫)에 의해 살해된다. 제2부의 '코에포로이'(Choephoroi)에서 오레스테스의 아버지의 원한을 갚기 위해 어머니를 살해하며 에리니에스는 그를 추방하게 된다.

엘리엇은 남편을 살해한 클리템네스트라를 해리의 어머니 에이미(Amy)와 병치시키고 있다. 에이미는 신화 속의 클리템네스트라처럼 직접적인 살해자는 아니다. 그러나 간접적으로 남편의 생명을 빼앗은 것이나 다름없다. 에이미의 남편은 다른 여자 아가사를 사랑하여 아내에게 살의까지 품고 있었으나 그 역시 실제로 행동에 옮기지는 않았다. 에이미는 남편이 자기 아닌 아가사를 사랑하고 있다는 사실을 알면서도 집요하게 그를 놓아주지 않았던 것이다. 그녀는 마치 불만에 차있는 망령의 모습 (a discontented ghost)처럼 몬첸시가를 지키고 있다. 남편이 살아 있을 때도 가문의 장래를 위해, 7년이란 세월을 그를 옆에 묶어두고 비인간적으로 냉대했었다. 가문에 대한 그녀의 집념은 주변에 확산되어 자신의 뜻을 성취하기 위한 방법으로 해리의 아내가 죽기를 바랐고, 대신 메리를 해리와 짝짓게 하여 자신의 뒤를 이어 위시우드(Wishwood)의 후계자가 되기를 원했던 것이다. 엘리엇이 시사하고 있는 에이미의 죄악은 신화속의 클리템네스트라의 행위보다 더 교묘하고, 증오심의 동기가 보다 어두운 인간 내면의 자기중심적인 욕망에서 비롯되고 있다는 것이다.

이런 죄악의 실패는 아트레우스 가문의 혈육상살의 죄와 병치되는데, 에우메니데스에서 저주가 풀리는 과정은 어디까지나 신화적인 방법에 의해 이루어진다. 추방당한 오레스테스의 호소에 여신 팔라스 아테네(Pallas Athene)가 동정하여 그의 편을 들게 되어, 복수의 여신 에리니에스를 더 이상 오레스테스의 집안 문제에 관여하지 못하게 자비의 신으로 바꾸어 주기로 약속한다. 이리하여 복수의 신은 오레스테스를 죄에서 해방시켜 주는 선한 여신으로 변모됨으로써 아트레우스 가문의 저주의 역사는 막을 내리게 된 것이다.

기독교적 해석으로는 인간이 신을 생각하는 개념의 변화는 가능하나 신성 자체는 영원불변한 것이다. 아이스킬로스는 인간이 원시적인 싸움의 죄악을 씻고 신법의 질서에 복종한다는 것은 인류 발전을 위해 필요한 것으로 보았다. 이러한 견해를 아이스킬로스는 정의에 대한 신의 태도의 변화로 묘사하였다. 그러나 엘리엇은 해리의 내면 의식의 변화, 즉 에우메니데스의 실재를 올바르게 인식하게 되는 정신적 각성에 핵심을 두고 있다.

엘리엇은 <보들레르론>에서 죄의 실재를 인식한다는 것은 신생, 즉 새로운 생활의 시작이며, 악의 의식은 선의 의식을 포함하고 있다고 하였다.[65] 또한 인간이 구원을 받을 가능성이 있다는 사실은 틀림없는 영광이지만, 인간이 벌을 받을 가능성이 있을 때도 마찬가지로 영광스러운 것이라고 엘리엇은 주장한다. 우리가 인간인 이상 선악 간에 그 어떤 것이라도 행해야 하며, 역설적으로 말해서 아무것도 안하는 것 보다 악을 행하는 것이 좋다는 것이다. 선악의 의식조차 없는 인간은 생존이라고 할 수 없는 생중사(Death in life)의 상태이며, 마치 페트로니우스(Petronius)의 『쿠마에 무녀』(Cumaean Sibyl)처럼 간신히 목숨만 붙이고 있을 뿐, 생의 의의를 상실한 인간의 모습이라고 할 수 있다.[66] 엘리엇은 <보들레르론>의 말미에서,

---

65) Eliot, "Baudelaire," *Selected Essays*, pp. 427~429.

T. E. 흄의 글을 인용하여, 인간이 본질적으로 원죄 의식을 짊어진 약한 존재이기 때문에 논리적 훈련이 필요하다는 흄의 견해를 중시하고 있다.

> 이러한 절대적인 가치들에 비추어서, 인간은 그 자신이 근본적으로 제한되고 불완전한 것으로 판단된다. 인간은 원죄를 갖고 태어났다. 그는 가끔 얼마간은 완전할만한 성질이 있는 행동을 취할 수 있지만, 결코 그 자신이 완전하게 되지는 못한다. 사회 속에서 보통 사람들의 행동을 주시하여 볼 때 어떤 2류의 결과가 나오는 것도 이 때문이다. 인간은 근본적으로 악하며, 다만 윤리적이고 정치적인 훈련에 의해 어떤 가치 있는 일을 이룩할 수가 있다. 질서란 이리하여 단지 부정적인 것이 아니며, 창의적이고 자유롭게 하는 것이다. 제도는 필요한 것이다.

> In the light of these values, man himself is judged to be essentially limited and imperfect. He is endowed with Original Sin. While he can occasionally accomplish acts whish partake of perfection, he can never himself action in society follow from this. A man is essentially bad, he can only accomplish anything of value by discipline—ethical and political. Order is thus not merely negative, but creative and liberating. Institutions are necessary.[67]

---

66) Cumae의 무녀 Sibyl에 대한 인용은 『황무지』의 에피그라프에서 이 시의 주제를 단적으로 표시하고 있다. 이 인용은 로마의 풍자극 Petronius의 Satyricon의 제2부 <Trimalcho의 향연> 속에 있는 말로서 Sibyl이 Apollo신으로부터 장기를 허락받았으나 젊음을 잊었기 때문에 몸이 말라 항아리 속에 매달려 간신히 목숨만 붙이고 있을 뿐, 완전히 생의 의의를 상실하였다. '나는 죽고 싶다'는 것이 그녀의 실제적 의식이며 엘리엇은 현실적 삶의 쓰라린 고통을 무녀의 상황과 대비시켰다. 참조: 이창배 역, 『엘리어트선집』, 을유문화사, 1981, p. 3.

본질적으로 불완전한 존재인 인간이 어떤 가치 있는 일을 할 수 있다는 것은 도덕적 각성에 의해서만 가능하다. 해리는 그를 각성시키는 양심의 소리에 따라 죄와 대면하고 고뇌한다. 그러나 그의 개인적인 고통은 마침내 자신의 죄의식의 원인을 규명했을 뿐 아니라 몬첸시 집안의 해묵은 죄악의 그림자를 벗기고 선(善)의 질서를 되찾게 한다. 해리의 말대로 그의 행동은 '창조하고 해방하는' 작용을 한 것이다.

『가족의 재회』에서의 에우메니데스는 엘리엇이 <보들레르론>에서 말한 선과 악의 의식이라고 볼 수 있다. 에우메니데스는 죄에 대한 저주를 통해 양심의 눈을 뜨도록 끊임없이 해리를 괴롭힌다. 해리가 에우메니데스를 대면하게 된 것은 그의 어릴 때 살던 집 위시우드의 어의가 상징하듯이 해리의 '바람'은 지난 8년간의 과거를 잊기 위한 것이 아니라 오히려 미래에 까지 그 집의 역사를 지켜 가려는 것에 있다. 레이디 몬첸시인 에이미는 위시우드에 거는 희망을 다음과 같이 말한다.

에이미
　나는 시계가 어둠 속에서 멈추는 것을 원치 않아요.
　내가 왜 결코 위시우드를 떠나지 않는지 알고 싶으면
　그게 바로 이유예요. 나는 위시우드를 살려두는 것이고
　가족을 살리고, 모두를 함께 있게 하고
　나를 살리고, 그리고 나는 그들을 지키기 위해 사는 거죠.
　누구나 자기가 몇 살인지 모르고 있어요.
　그런데 죽음은 살며시 놀라움으로 찾아오고,
　텅 빈 방에서의 순간적인 전율이죠.

---

67) Eliot, "Baudelaire," *Selected Essays*, p. 430.

Amy

> I do not want the clock to stop in the dark.
> If you want to know why I never leave Wishwood
> That is the reason. I keep Wishwood alive
> To keep the family alive, to keep them together,
> To keep me alive, and I live to keep them.
> You none of you understand how old you are
> And death will come to you as a mild surprise,
> A momentary shudder in a vacant room.[68]

에이미는 젊었을 때는 어둠 속에서도 시간은 멈추지 않는다는 자신감과 기대가 있었다. 그러나 이제 그녀는 앞으로의 삶에 대한 불안감을 감추지 못하고 있다. 위시우드를 살리는 길은 그녀의 생명의 시간도 멈추지 말게 해야 하는데 있다. 그녀는 때때로 공허한 방 안에서 죽음의 그림자와 만날 것 같은 공포감에 사로잡힌다. 극의 결말에서 그녀의 계획이 수포로 돌아가고 해리가 위시우드를 지키지 않고 떠나게 되나 그녀의 생명의 시간은 종지부를 찍는다. 그녀의 '바람'이 어긋난 것처럼, 해리는 불안에서 해방되고자 옛 집을 찾아왔으나 에우메니데스를 만남으로써 오히려 죄의식이 되살아 난 역설적 상황에 당면하고 있는 것이다. 그는 여행 중 선상에서 사라진 그의 아내의 죽음에 대해 고민하여 왔었다. 스위니처럼 해리는 살인자의 죄의식에 사로잡혀 있는 것이다. 그는 아내를 대서양에 밀어넣어 익사케 했다고 믿고 있는 것이다. 그가 고향으로 돌아온 이유는 죄의식이 생긴 이전의 순진한 상태로 복귀하고 싶었기 때문이다. 그러나 하필

---

68) 본 장의 『가족의 재회』는 Eliot, *The Complete Poems and Plays of T. S. Eliot*, Faber and Faber, London, 1978, pp. 283~350에서 인용함.

이면 에우메니데스는 마치 그를 기다리기나 했듯이 그의 순결의 고향인 유년기의 집에서 확연한 모습으로 그의 앞에 나타난 것이다.

해리

아니, 아니, 저기 말고, 저길 봐요!
저것들을 못 봐요? '당신'은 저걸 못 보다니, 난 보는데.
그리고 그들도 날 보고 있어요. 내가 저것들을 본 것은 이번이
    처음이에요
자바 해협에서, 선다 해에서도
달콤하게 지친 열대의 밤에, 난 그들이 오고 있음을 알았죠.
이탈리아에서는 나이팅게일이 우는 숲 뒤에서
나를 노려보는 눈들이 있었고, 그래서 노래도 오염시켰죠.
그랜드 호텔의 종려나무 뒤에
늘 그것들은 거기에 숨어 있었죠. 그런데 나는 '보지' 못했어요.
그것들이 어째서 내가 위시우드로 돌아올 때까지 기다려야만
    했을까요?

Harry

No, no, not there. Look there!
Cant' you see them? You don't see them, but I see them,
And they see me. This is the first time that I have seen them.
In the Java Straits, in the Sunda Sea,
In the sweet sickly tropical night, I knew they were coming.
In Italy, from behind the nightingale's thicket,
The eyes stared at me, and corrupted that song.
Behind the palm trees in the Grand Hotel
They were always there. But I did not see them.

Why should they wait until I came back to Wishwood?

엘리엇은 에우메니데스를 만난 해리의 충격을 강렬하게 묘사하고 있지만, 실상 그 죄의 원인이 되고 있는 아내의 죽음에 대해서는 미묘하게 처리하고 있다.

그것은 무의미한 방향을 역전시킨 것인데
불붙은 바퀴 위에서 잠시 휴식을 취하기 위해서일 뿐
대서양 한복판 구름 한 점 없는 밤에
나는 그 여자를 밀어 떨어트렸지요.

It was only reserving the senseless direction
For a momentary rest on the burning wheel
That cloudless night in the mid-Atlantic
When I pushed her over.

‘살인’ 장면을 이처럼 온유하게 표현한 것에 대하여, 존 피터(John Peter)는 작가의 예민한 감성이 주제와 인물의 성격창조에 반영된 것으로 보고 있다.[69] 실제의 살인 행위에 대하여 심각한 어조로 진술하지 않는 것은 그 행위가 해리의 상상 속에서 이루어진 것일 수 있음을 시사한다. 즉, 행위 자체에 중요한 의미가 있는 것이 아니라, 해리의 내면의식 속에서 죄에 대한 고뇌가 일기 시작한 것에 의미가 있다. 해리는 그의 아버지가 한때 그의 어머니를 살해하려던 적이 있었다는 사실을 알았을 때도,

---

69) John Peter, "An Artistic Failure," *Scrutiny*, Vol. XVI, No. 3, 1949, quoted in Arnold P. Hinchliffe, *T. S. Eliot: Plays*, Macmillan Publishers, London, 1985, p. 127.

"어떻게 아버지는 어머니를 죽이고 싶으셨나?"(In what did he wish to murder her?)라고 냉정한 반응을 보였다. 피터는 위의 대사 다음에 "익사시켜서?"(By drowning?)라는 말이 텍스트에는 부언되지 않았지만, 이러한 극적 처리는 엘리엇이 살인 행위 자체를 다루고 있지 않음을 보여 주는 것이라고 설명한다.[70]

그러나 행위(act)에 대하여 관심 있는 극중 인물들은 해리의 내면세계를 이해하지 못하는 그룹에 속한다. 에이미의 응접실에 모여 있는 7명의 가족 중 또한 에이미를 위시하여 그녀의 여동생들 아이비와 바이올렛, 그들의 남편들 찰스와 제럴드는 몰이해의 그룹에 속한다. 그들은 행위에 대한 확실한 증거를 추구할 뿐 죄의 원인과 결과에 대해서는 관심이 없는 사람들이다. 반면에 에이미의 막내 여동생인 아가사와, 에이미가 해리와 짝지어 주려고 계획하고 있는 메리는 이들과는 달리 해리의 고뇌의 원인을 살필 수 있는 투시력을 갖는 그룹에 속한다. 맥빈(Jean MacVean)은 이 작품에서 각 인물들의 통찰력의 수준에 따라서 주제가 해석되고 있는 것은 두 그룹으로 대별되는 인물들이 상징하는 성격의 차이 때문이라고 지적했다.[71]

에이미의 생일을 기념하기 위해 모인 이들 가족 중 에이미가 가장 희망을 걸고 있는 아들 해리는, 결국 아폴로의 명령에 따라서 자기 어머니를 살해하게 되는 오레스테스의 귀가처럼, 에이미의 뜻에 반대되는 결과를 초래하게 된다. 이를 예지한 인물은 아가사이다.

---

70) Ibid., p. 127.
71) Jean MacVean, "The Family Reunion," *Agenda*, Vol. XXIII, No. 1~2(Spring Summer 1985), p. 114. MacVean은 각 인물들의 성격과 마찬가지로 Wishwood라는 장소의 이름도 이 작품에서는 하나의 극적 성격을 갖고 있다고 풀이한다.

아가사

네, 그렇죠. 내 말은 해리가 위시우드에서 또 하나의 해리를 보
　게 된다는 거죠
사람은 돌아와서 떠났던 소년인 자신을 만나 보게 됩니다
새 건물 옆의 마굿간을 끼고 돌아, 그 자신과 마주하게 돼죠
......
그런데 거긴 아주 '유쾌한' 코너는 아니에요.
시간의 회로가 닥쳐올 때—누구에게나 오는 것은 아니지만—
숨어 있던 것이 드러나고, 유령이 제 모습을 보이죠.

AGATHA

Yes. I mean that at Wishwood he will find another Harry.

The man who returns will have to meet

The boy who left. Round by the stables,

......

Of the new wing, he will have to face him —

And it will not be a very *jolly* corner.

When the loop in time comes — and it does not come for everyday —

The hidden is revealed, and the spectres show themselves.

　여기에서 '회로'(loop)란 과거와 현재 그리고 미래를 하나로 연결하는
'고리'로서, 순환하는 인과관계를 뜻하며, 해리가 위시우드에서 자신의 과
거와 재회함으로써 집안의 비밀을 알게 된 필연성을 상징한다. 그는 집에
돌아오기 전 여행 중에도 그에게 접근하던 에우메니데스를 의식했었다.
마치 유령처럼 해리의 과거와 현재, 그리고 미래까지도 투시하는 초시간
적이며 영적인 존재였다. 그러나 그 존재는 해리의 의식 밖에서 맴돌던 막

연한 환상에 지나지 않았다. 해리는 고통을 겪은 뒤, 자신의 뿌리와도 같
은 조상의 집에서 그 존재를 확인하는 이유를 이 극의 제2부의 제2막 말
미에서 밝히고 있다.

> 그러면서 항상 보이지 않는 추적자에 대해선 모르고 있어요.
> 이제야 알겠어요, 그동안 내 생활이란 내내 도망치는 것이었고,
> 내가 도망 다니는 동안 유령들은 내게 얹혀 살아온 것을, 이제야
>   알겠어요
> 마지막 뚜렷한 도피처, 안전한 은신처를,
> 그것들을 대면하는 곳이죠. 그게 유령들이 하는 것이죠.

> But always in ignorance of invisible pursuers.
> Now I know that all my life has been a flight
> And phantoms fed upon me while I fled. Now I know
> That the last apparent refuge, the safe shelter,
> That is where one meets them. That is the way of spectres.

에우메니데스는 해리 혼자만의 죄의식과 연관된 것이 아니라 그의 부
모의 과거와도 유관한 것이기에 위시우드는 에우메니데스의 근원지라고
볼 수 있다.

그로버 스미스는 에우메니데스가 표상하고 있는 저주의 근원은 해리
의 아버지와 어머니, 그리고 아가사와의 관계에 있으며, 이들을 중심으로
한 몬첸시가의 도덕성을 추상적으로 상징시킨 것으로 해석하고 있다.[72]

---

72) Grover Smith, *T. S. Eliot's Poetry and Plays*, The University of Chicago Press, Chicago, 1974, pp. 206~207. Smith는 Eumenides를 인물화하여 등장시킨 것을 실패로 보고,

해리를 괴롭히는 에우메니데스의 저주가 실은 그의 아버지의 애정관계에서 기인된 것임을 아가사를 통해 알고 난 후, 해리는 이제까지는 에우메니데스를 '신의 분노'(Divine Wrath)로 생각했던 것을 드디어 '신의 사랑'(Divine Love)으로 받아들일 수 있게 된다. 에우메니데스에 대한 새로운 인식은 긍정적인 선(a positive good)을 발견한 것이며, 그의 고통은 정죄의 의미를 내포하게 되고 도덕적으로 승화된 상태에서 에우메니데스가 인도하는 길을 따를 수 있게 되는 것이다.

엘리엇은 이러한 추상적 개념의 에우메니데스를 20세기 무대 위에 논리적으로 표현해야 되는 난점들을 다음과 같이 피력하고 있다.

> 그러나 모든 것 중 심각한 결점은 희랍신화 이야기를 현대상황에 적응시키는데 실패한 점에 있다. 아이스킬로스에 좀더 치중했거나 아니면 그 신화를 좀더 아주 자유롭게 취급했어야 했다. 그 증거의 하나로서 그들 불행을 가져오는 상징인물들, 복수의 여신들의 출현이다. 이 다음에는 그들을 배역에서 제외시키고, 극중 일정한 인물들만이 보게 하는 것으로 설정하고, 관객에게는 보이지 않게 해야 한다.

> But the deepest flaw of all, was in a failure of adjustment between the Greek story and the modern situation. I should either have stuck closer to Aeschylus or else taken a great deal more liberty with his myth. One evidence of this is the appearance of these ill-fated figures, the Furies. They must, in future, be omitted from the cast, and be understood to be

---

보다 추상적으로 상징시켜 몬첸시가의 도덕적 분위기를 묘사하는 방법으로 취급했어야 옳았다고 지적한다.

visible only to certain of my characters, and not to the audience.[73]

아이스킬로스의 경우 퓨리스의 역할을 코러스가 담당했기 때문에 죄에 대한 서술이 보다 설명적일 수 있다. 그러나 엘리엇은 해리의 심리를 반영하고, 과거의 죄까지도 상징하는 에우메니데스를 어떤 모습으로 연출해야 하는지에 대하여 여러 모로 연출법이 시도되었으나 만족스럽지 못하였다고 술회한다. 엘리엇은 에우메니데스가 '가장무도회에서 뛰어나온 불청객'처럼 보이거나, 어두운 곳에 세워 두면 관목들처럼 보였다고 한다. 매티슨도 에우메니데스를 이브닝드레스를 입혀 현대무대에 올린 것은 어울리지 않는다고 지적하고 있다.[74] 그러나 피터 애크로이드(Peter Ackroyd)는 만일 브라운 이외의 연출가가 다른 수법으로 에우메니데스를 처리했다면 관객의 이해는 달라질 수 있음을 주장한다.[75] 캐더린 워즈 교수는 현대 삶을 배경으로 한 오늘날의 극작품에서 형이상학적 문제를 다루는 일은 특별한 관심사가 되고 있다고 말한다.[76]

엘리엇은 에우메니데스가 상징하는 몬첸시가의 도덕성의 문제를 현실의 시간 밖에서 취급하여 죄의 근원에 접근한다. 해리나 아가사가 에우메니데스를 현재의 사건 외적인 현상으로 인식하게 되는 것은 엘리엇의 시간 개념에 의해 가능해진다. 크리스토퍼 브라운(Christopher Browne)은 엘

---

73) Eliot, "Poetry and Drama," *On Poetry and Poets*, The Noonday Press, New York, 1961, p. 90.

74) F. O. Matthiessen, *The Achievement of T. S. Eliot*, Oxford University Press, New York, 1959, p. 165.

75) Peter Ackroyd, *T. S. Eliot*, Hamish Hamilton, London, 1984, p. 247.

76) Katherine Worth, "Eliot and the Living Theatre," *Eliot in Perspective*, ed. by Graham Martin, Macmillan and Co, London, 1970, p. 160.

리엇의 『가족의 재회』와 동시대 작가인 프리스틀리(J. B. Priestley)의 극작품 *Time and the Conways*의 유사점을 지적하는 가운데, 시간에 대한 개념은 듄(J. W. Dunne)의 이론을 따르고 있다고 고찰한다.[77] 즉, 공간에서 연속하는 시간(spiral time)으로 보고 인간의 경험은 현재의 시간에서 자유로이 탈출할 수 있으며, 평행선상에서 과거와 미래의 공존이 가능하다는 것이 듄의 이론이다. 듄에 의하면, 개인의 생애에 있어서 과거와 현재, 그리고 미래가 통상적 경험 범위 밖에서 공존하여 마치 한 권의 필름 속에 담겨진 사진과 같은 것으로서, 그 어느 부분의 필름 장면을 개인은 마음대로 볼 수 있고 경험할 수 있는 것이다. 이와 같은 시간의 개념으로 에우메니데스를 조명할 때, 그들은 몬첸시가의 과거지사가 망령처럼 재현된 것으로만 해석할 수 없다. 과거 사건의 망령이라면 에이미나 아가사도 해리의 아버지와 마찬가지로 현존하지 않는 인물이 되어야 한다. 세 사람이 관련된 사건이기 때문에 망령 역시 세 영혼의 구현이어야 할 것이다. 해리를 괴롭히고 있는 것은 아버지의 단독적인 죄 때문이 아니다. 브라운은 에우메니데스를 에이미, 아가사, 해리의 아버지 세 사람의 과거의 모습이 현재에 침입한 것으로 설명한다. 즉 듄의 이론에 따른 시간 개념인 '과거에 대한 가시성'을 뜻하는 것이다. 엘리엇은 해리 외에 다른 인물도 에우메니데스를 무대 위에서 직접 볼 수 있는 수법을 채택했다고 볼 수 있다.

에우메니데스가 저주하고 있는 것이 해리의 현실적 시간 속에서 저지른 죄악이 아니며, 그의 부친이 과거에 범했던 범죄에 대한 것도 아니라는

---

77) Christopher Browne, "J. B. Priestley and *The Family Reunion*," *Yeats Eliot Review*, Vol. VI, No. 1, 1979, p. 16 이하 참조. Browne은 엘리엇의 작품의 초고가 나오기 2개월 반 전인 1937년 8월 26일에 *Time and Conways*의 초연이 있었고, 당시 널리 알려진 Priestley의 작품이 엘리엇의 주의를 끌었을 것임을 지적하고 있다.

점에 아이스킬로스극의 저주와 성격을 달리하는 차이점이 있다. 앞서 살펴본 대로, 해리는 그의 아내를 실제로 살해한 것도 아니며, 아버지 역시 살의는 있었지만 에이미를 살해하지 않았다. 살의를 저지시킨 사람은 아가사였다. 그 이유를 아가사는 3개월 후면 이 세상에 태어날 해리를 위한 것이었다고 고백한다.

> 나는 '너'를 죽이고 싶지 않았어!
> 죽게 되어 있는 너를! 그때 넌 무엇이었을까? 단지 '생명'이라 불리
>   는 것일뿐─
> 무엇인가 '내 것'이 있어야 하는 것, 그땐 그렇게 생각했어.
> 대부분의 사람들은 다른 생각을 갖지 않는 한 양심의 가책이란 느
>   끼지 않았겠지.
> 그런데 난 너를 갖고 싶었지! 만일 그런 일이 있었다면,
> 난 살면서 죽음을, 평생 동안 죽음을, 내 뱃속에 죽음을 지니고 살
>   아야 했겠지.
> 나는 네가 어떤 면에선 내 것이라는 생각이 들었어!

> I did not want to kill *you*!
> You to be killed! What were you then? only a thing called 'life' ─
> Sometimes that should have been *mine*, as I felt then.
> Most people would not have felt that compunction
> If they felt no other. But I wanted you!
> If that had happened, I knew I should have carried
> Death in life, death through lifetime, death in my womb.
> I felt that you were in some way mine!

비록 해리가 자신의 육신을 빌려 태어나지는 않더라도 해리의 아버지와의 관계에서 아가사는 해리를 정신적으로 자기의 자식이라 믿고 싶었던 것이다. 만일 아버지를 만류하지 않았더라면 그녀는 "평생 동안 죽음"(death through lifetime)의 무서운 죄의식을 면치 못했을 것이다.

앞서 맥빈이 지적한 것처럼 작품의 주제가 각 인물들의 통찰력의 수준에 따라 달리 해석되고, 죄의식의 문제는 각 인물들의 감수성에 의해 달리 비쳐진다. 아가사는 자신이 살해의사를 저지하지 않았다면 공범자의 죄악과 같다고 생각한다. 이는 해리의 경우도 동일하다. 그는 아버지와 마찬가지로 자신도 아내에게 살의를 품고 있었다는 것이 죄의식으로 괴롭혀져 왔다. 그러나 아가사의 경우는 이미 그러한 도덕적 양심의 가책을 경험함으로써 범죄에서 탈피할 수 있었다. 엘리엇은 <보들레르론>에서 밝힌 선악의 공존상태를 이 작품에서 유추시켜서 아가사의 경우처럼 도덕적 질서를 찾는 예지를 갖게 한 것이다. 해리의 경우는 어떠한가? 로널드 가스켈(Ronald Gaskell)은 해리의 죄의식의 실상에 대해 고찰하면서 그를 죄의 근원을 속죄하는 속죄양으로 본다.[78] 엘리엇은 해리의 아내를 무대 위에 실재인물로 등장시키지 않았다. 그의 고뇌 속에 존재하는 암호적(a cipher)인 것으로 표현한 것은 해리 자신의 죄가 아니라 부모의 사랑 없는 결혼에서 발생한 불행의 원인(origin of wretchedness)으로 볼 수 있다. 조상의 죄가 자손에까지 미친다는 성서의 뜻을 해리는 받아들이게 되고, 그에게 있어서 유일한 탈출구는 고난과 속죄의 길을 스스로 택하는 것에서 가능해진다고 믿게 된다. 그 역시 도덕적 질서를 발견하는 예지를 얻음으로써 죄

---

78) Ronald Gaskell, *Drama and Reality: The European Theatre since Ibsen*, Routledge and Kegan Paul, London, 1972, p. 130.

에서 구원되는 것이다.

아가사는 해리에게 앞날을 다음과 같이 예견한다.

아마도 넌 어떤 죄를 속죄할 것인지 몰랐겠지. 누구의 죄인가,
　　왜 그런가를,
확실한 것은 속죄하기 이전에 죄에 대한 의식이 먼저 있어야
　　한다는 것.
죄란 그 암흑의 본능 속에서 번민과 고통을 겪으면서
마침내 의식으로 정화의 길을 찾게 되는 것이 아닐까.
아마도 너는 이 불행한 가족의 의식 자체일 거야.
가족의 새가 되어 연옥의 불길 속을 날게 된 것이지.
이제부터는 차차 알게 되지.
혼자서 얼음의 불길 속을 돌아다니면서,
우리가 고통 받고 있는 마의 사슬을 풀기 위해 네가 선택된 것을.

It is possible that you have not know what sin
You shall expiate or whose, or why. It is certain
That the knowledge of it must the expiation.
It is possible that sin may strain and struggle
In its dark instinctive birth, to come to consciousness
And so find expurgation. It is possible
You are the consciousness of your unhappy family,
Its bird sent flying through the purgatorial flame.
Indeed it is possible. You may learn hereafter,
Moving alone through flames of ice, chosen
To resolve the enchantment under which we suffer.

해리를 '연옥의 불속을 날아가는 새'로 비유한 것은 희생 제물로 선택된 자의 고난의 길과, 새의 이미지로 비유해 고통을 초월하여 비상하는 자의 정신적 승화를 의미한다. 정신적으로 성장한 해리는 귀가 이후 처음으로 행복감을 느낄 만큼 진실을 알게 된 것을 기뻐한다. 아가사 역시 이제까지 비밀로 해 오던 과거의 죄의식으로부터 해방되고, 마음의 평화를 얻게 된다. 엘리엇은 두 사람의 영적 합의가 이루어지는 장면을 그의 작품 세계에서 상징적으로 다루어 온 '장미원'(rose-garden)의 이미지로 표현하고 있다.

아가사

나는 혼자서 작은 문으로 들여다 보았지.
장미원 위에 햇빛이 훤하게 비치고 있었어:
그리고 멀리서 작은 목소리들이 들려왔지

AGATHA

I only looked through the little door
When the sun shining on the rose-garden:
And heard in the distance tiny voices

해리의 아버지와 더불어 작은 문을 통해 엿보았던 '장미원'은 평화와 사랑이 깃든 천상의 이미지이며, 정지점(the still point)에서의 '광명의 순간'이다. 데이빗 존스는 아가사가 과거에는 '멀리 어렴풋이 들었던 작은 소리들'이, 이제 해리와의 정신적 결합으로 현실속의 장미원에서 사랑이 이어져 갈 수 있음을 암시한 구절이라고 지적한다.[79] 해리의 대사에서도, 장미원에서의 두 사람의 만남이 감동적으로 읊어지고 있다.

나는 거기에 없었고, 아주머니도 안 계셨고, 단지 우리
들의 망령들 뿐
그리고 아무것도 일어나지 않았던 것은 일어난 것과 마찬가지입니다.
아, 그렇군요, 그 작은 문을 통해 당신께선 걸어 나오시고
난 달려가 장미원에서 아주머니를 맞이했지요.

I was not there, you were not there, only our phantasms
And what did not happen is as true as what did happen
O my dear, and you walked through the little door
And I ran to meet you in the rose-garden.

해리는 아가사를 통해 자신을 알게 되었을 뿐 아니라 자신을 구원의
길로 인도하는 어머니의 사랑을 느끼게 된다. 아가사의 말대로 해리는 그
녀가 낳을 가능성이 있는 자식이었기에 사랑의 정신적 결합이 이루어질
수 있었다.

그러나 에우메니데스는 해리의 구원이 인간의 인간적인 사랑에서 이
루어지는 것이 아님을 일깨워 준다. 그들이 종용하는 뜻이 무엇인지 아가
사와 해리는 알게 되며, 해리는 에우메니데스의 실체가 그의 주관적 환상
이 아니라는 것을 깨닫고 그들을 따르기로 한다.

지금에 와선 너희들이 현실이지만, 이젠 너희는 나의 외부에 있다.
그리고 능히 견딜 수 있는 거다. 그래 안다, 너희들은 준비되고
있다는 것을,

79) David E. Jones, *The Plays T. S. Pilot*, Routledge and Kegan Paul, London, 1960, pp. 97~98.

위시우드를 떠날 준비를, 그래 나도 같이 가련다.

This time, you are real, this time, you are outside me,
And just endurable. I know that you are ready,
Ready to leave Wishwood, and I am going with you.

아가사는 해리에게 몬체시가의 저주를 풀기 위해서 에우메니데스가 이끄는 대로 새로운 삶을 향해 떠나가야 됨을 말해 준다.

오, 내 아들, 나의 불행이여.
넌 완수할 거야.
매듭은 풀리고
굴곡은 펴지겠지.

O, my child, my curse,
You shall be fulfilled:
The knot shall be unknotted
And the crooked made straight.

엘리엇은 해리가 가야 할 곳이 지상에서 어떤 곳인가는 구체적으로 명시하지 않는다. 해리는 에이미의 물음에 대하여 막연하게 다음과 같이 그의 행선지를 암시한다.

앞으로 알아봐야겠죠. 아직도 정해지지 않았으니까요.
아직도 명확한 방침은 세우지 않았어요.
이 미친 세상에서 어디를 가야죠?

그 어딘가 절망의 다른 쪽으로
사막에서, 목마름과 궁핍 속에서 예배를,
돌로 된 신전과 원시적인 제단.
태양열과 몹시 차가운 철야기도
무지에 대한 것과 불치의 병에 대해 교훈을 얻겠죠.

I shall have to learn, That is still unsettled.
I have not yet had the precise directions.
Where does one go from a world of insanity?
Somewhere on the other side despair.
To the worship in the desert, the thirst and deprivation.
A stony sanctuary and a primitive altar,
The heat of the sun and the icy vigil,
The lesson of ignorance, of incurable diseases.

　해리는 원죄 있는 이 세상에서 탈출하는 길은 '수도자가 걷는 길', 신의 은총에 의해 선택된 자가 '중생을 위해 일하는 길'임을 암시한다. 그는 세속적 장자권을 동생 존에게 물려주고 에우메니데스가 이끄는 길을 따른다. 해리가 말한 "나는 광휘의 천사를 따라가야 한다"(I must follow the bright angel.)는 기독교적 개념의 '천사가 밝혀주는 신의 길'인 셈이다.

　필립 헤딩스(Philip R. Headings)는 해리가 몬첸시가를 떠난 후 명확히 어떤 길을 갈 것인가를 밝히지 않은 것은 마치 도스토예프스키가 『죄와 벌』의 에필로그에서 "그것은 또 하나의 새로운 이야기의 시초다. 한 인간이 한 세계에서 또 다른 세계를 향해 가는 재생의 이야기가 될 것이며, 그것은 또 다른 제목이어서, 이제 우리의 이야기는 여기에서 끝맺는다"라고

한 것처럼 상관하지 않아도 될 것이라고 말한다.[80] 오레스테스가 그의 가문의 저주를 풀고 자유스러워진 것처럼 해리는 몬첸시가의 왜곡된 도덕성을 바로잡고 죄의식으로부터 해방된 것이다.

해리가 극중 다른 인물들과는 달리 구원의 길을 발견할 수 있는 인물이라는 것은 마지막 장면, 제3막에서 그의 운전수 다우닝의 통찰에서도 지적되고 있다. 그는 "내면에 뭔가 있는"(there's something inside them)에 속하는 내적 투시력의 소유자이다. 해리는 스위니처럼 예민한 감수성으로 죄의 문제를 고뇌할 수 있는 인물이다. 엘리엇은 악을 행하는 자체는 문제시하지 않고, 구원의 가능성에 삶의 의미를 두고 있다. 또 엘리엇은 정치가로부터 절도범에 이르기까지 대개의 악인들의 가장 나쁜 점은 이들이 영겁의 벌을 받을 만한 인간이 못되는 것이라고 밝히고 있다.[81] 즉 해리나 스위니처럼 구원을 받을 수 있는 죄의식을 지닌 인간에 엘리엇은 깊은 애정을 갖는 것이다.

스위니를 이해하지 못했던 인물들의 유형이 『가족의 재회』에서는 에이미를 대표하는 그룹이다. 에이미는 현실의 시간의 연장만을 추구한다. 그녀가 두려워하는 것은 시간의 정지이며, 그녀는 시간의 연장 속에서 해리를 붙들면 위시우드의 생명을 지킬 수 있다고 생각한다. 해리의 숙부와 숙모들로 구성된 코러스도 우매한 인간성을 대표한다. 해리와 어린 시절에 행복한 순간을 경험했던 메리는 아가사처럼 예지를 지니고 해리를 이해하는 보조적 역할을 한다. 매티슨은 코러스가 무엇이 일어나고 있는지 감지하지 못하고 초조하게 바라보기만 하는 것은 마치 현대인이 일상적인

---

80) Philip R. Headings, *T. S. Eliot*, College University Press, New Haven, 1964, p. 116.
81) Eliot, "Baudelaire," p. 429.

사소한 일에만 두려움을 가질 뿐, 심오한 정신세계를 보지 못하는 것과 같다고 했다.[82] 그들은 일상적 생활에는 능숙하나 신의 뜻은 헤아리지 못한다.

> 우리는 통상적인 삶의 일은 이해한다.
> 기계를 어떻게 사용한다든가
> 평소에 사고를 피해 가는 일,
> 화재에도 보험을 들고,
> 도난과 병고에 대비하고,
> 고장 난 배관공사에 대해서도,
> 그런데 신의 일에 대해서는 이해하지 못한다.

> We understand the ordinary business of living,
> We know how to work the machine,
> We can usually avoid accidents,
> We are insured against fire,
> Against larceny and illness,
> Against defective plumbing,
> But not against the act of God.

그들은 일상적 안전이 깨지는 것을 원치 않으며 어렴풋이 위시우드 고가에 어떤 깊은 연유로 그 집에 내린 저주가 과거부터 있어 왔음을 느끼고 진실이 폭로되는 것을 두려워한다.

---

82) F. O. Mattiessen, p. 166.

오래된 집에서는 항상 들리는 소리가 있다. 말한 것보다 더 들린다.
말한 것은 그 방에 그대로 머물러 있어서, 장래 그것을 듣게
  되기를 기다리고 있다.
또한 과거에 무엇이 일어났건, 그것은 미래를 무겁게 압박한다.
커튼이 쳐진 침실에서의 고통, 그것이 출산이든 사망이든 간에,
과거의 모든 목소리들을 여기에 모이게 하고, 미래 속에 투영시킨다.

In an old house there is always listening, and more is heard than is spoken.
And what is spoken remains in the room, waiting for the future to hear it.
And whatever happens began in the past, and presses hard on the future.
The agony in the curtained bedroom, whether of birth or dying,
Gathers in to itself all the voices of the past, and projects them into the
  futures.

또한 그들은 쉽게 체념하는 인간형에 속한다. 아르고스(Argos)에서나 영국에서나 어떤 '불변의 법칙'이 있어서 '다 만들어진 음악처럼' 고쳐질 수 없기 때문에 그들로서는 어찌할 도리가 없다고 생각한다. 일상적인 뉴스나 기상예보, 또는 국제적인 격변 등에나 관심 두고 있는 일반인의 정신 세계를 보여준다.

엘리엇은 이러한 비전 없는 인간들의 구원의 문제는 이 작품에서는 제외시키고 있다. 『반석』에서 일반인의 신앙심 부족이 지적된 것과, 『칵테일파티』에서 보통 사람들의 영혼구제 문제에 관심을 둔 것에 비하여, 『가족의 재회』의 속인들은 구원에서 소외되어 시간의 삶에 머무른다. 이들은 해리와 같은 특이한 정신적 경험자와는 현격한 거리를 두고 인간 간의 단절의 선을 명확하게 하고 있다.[83]

지금까지 해리의 정신적 경험을 통한 죄의 인식과 속죄를 통해 얻을 수 있는 영혼구원의 가능성을 고찰하였다. 해리는 윤리적 공동규범이 형성되어 있지 않은 신화세계의 오레스테스처럼 죄악을 품고 질서를 회복하는 역할을 하였다. 엘리엇은 단순한 가족관계의 재회를 초월하여 '인간의 사랑'이 아닌 '신의 사랑'(Divine Love)을 궁극적 구원으로 제시했다. 해리의 떠남은 플롯에 있어서 어머니의 죽음과 시점을 같이 하지만 그의 대속적 행위에 의해 어머니의 영혼은 현세에 머물고 있는 다른 가족들과는 달리 구제될 수 있음을 암시한다.

또한 그가 몬첸시가의 저주를 종결시켰다는 점에서 다른 가족들도 현실생활에서 평정을 찾게 될 것이다. 인간성이 회복되는 삶의 질서는 신화세계의 '재생의 의미'(death and rebirth cycle)에서가 아닌 기독교적 개념의 '신의의 발견'에서 이루어진다. 가변적 신의가 아닌 영원성의 진리를 인간의 정신적 성숙에 의해 깨닫게 된다. 『가족의 재회』의 제목도 에이미의 희구를 상징한 가족의 재회로 해석될 수 있으나, 마이클 빌러(Michael T. Beehler)가 지적한 대로 해리가 떠남으로 재회가 깨지게 됨으로, 제목에 대한 정의(the circumscription)도 명료하게(demystify) 해석되어야 한다.[84] 몬첸시가에 구원의 계기를 만들어 놓은 해리를 중심으로 제목을 정의한다면

---

83) David E. Jones, p. 109. Jones는 이러한 도식화된 인간창조는 극적사건의 전개에 있어서 심한 의사소통의 단절을 초래하기 때문에 관객의 흥미를 충족시키는데 지장을 줄 정도라고 지적한다. 그러나 필자의 견해로는 주제의 핵심이 상이한 인간의 대비에 있는 것이 아니라 진실을 추구하는 한 인간의 열정과 죄를 인식하는 영혼의 승화라는 형이상학적 의미를 부각시키는데 있기 때문에 해리와 에우메니데스와의 긴밀한 관계가 중요하다고 본다.

84) Michael T. Beehler, "Troping the Topic; Dis-Closing the Circle of the Family Reunion," *Boundary 2*, State University of New York, Binghamton, Vol. VIII, No. 3, 1980, p. 20.

새로운 삶의 인식에서 다시 결속되는 가족이란 뜻으로 해석된다. 이렇듯 또 다른 근거는『가족의 재회』는 다음 장에서 살펴볼『반석』과『대성당의 시해』와 같은 종교사상이 뚜렷이 표현된 극작 뒤에 쓰인 작품이며, 이후 엘리엇은 세속인의 구원의 문제에 더욱 관심을 두고 있기 때문이다.

제5장

성자적 신앙의 모형

원죄의식의 부담으로부터 인간이 자유스러워지는 길은 죄에 대한 각성에서 영혼이 새롭게 태어나야 한다는 것이 『가족의 재회』에서 시사된 구원의 의미였다. 그러나 그것은 먼저 깨어나는 사람의 외로운 고통의 역정에서 이루어졌다.

본 장에서 살펴볼 『반석』 및 『대성당의 시해』에서는 깨어나 있지 않은 중생들의 각성 문제가 기독교신앙의 중추가 되는 교회의 의의와 기독교정신의 극치적 행위인 순교의 의미를 부각시켜 규명하고 있다. 두 극은 종교적 행사를 위해 특별히 극작된 것으로 엘리엇의 기타 작품에 비해 그의 기독교사상이 농도 있게 구현된 것이며, 엘리엇 자신의 생애에 있어서 이 시기에 보인 깊은 종교적 관심이 표출된 작품이다.[85]

---

85) 엘리엇은 1922년 10월부터 1939년 1월까지 자신이 편집장으로 있었던 *The*

정신적 빈곤과 신앙심의 결핍은 『반석』의 세계에서도 심각한 문제로 제시된다. 한 사람의 영혼의 깨어남은 주변의 몇 사람에게 감동의 파장을 전달하는 것뿐 아니라 사회 전체 집단의식의 변화에서 구원이 가능하다는 것이 주창되고 있다. 『스위니 아고니스테스』에서 거의 불치성의 상징으로 보였던 무신사회적 실태가 『반석』에서는 구원받을 수 있는 '광명의 길'로 비쳐진다. 이것은 현대사회에서 교회건립의 의의를 영원한 신의 시간 속에서 조명하여 현대인으로 하여금 구원받는 길을 신앙생활의 실천에서 찾게 한 것이다. 이러한 엘리엇의 종교사상은 『대성당의 시해』에서 성자적 삶의 모형을 제시하여, 영혼구제의 문제를 보다 차원 높게 다루면서 일관성 있게 발전시켜 나간다.

1. 교회의 의의
『반석』(The Rock)

『반석』은 런던 지구 45개 교회의 기금 마련을 위해 위촉받은 극작으로 종교적 목적이 뚜렷한 작품이다. 이 극에서 엘리엇의 종교사상은 주로 코러스를 통해 주창되고 잇다. 코러스는 현대사회에서의 교회건립의 중요성을 설득, 해설하는 대변자(the voice of the church)의 역할을 한다. 엘리엇에 의하면 다른 대사들은 많은 부분이 주최 측에 의해 임의로 변경되었기

Criterion에 "Anglo-Catholics, Neoclassicists, Royalists"를 대변하는 글을 기고했고, 그 자신도 영국 국교로 개종한 사실로 미루어 보아 그의 종교적 관심이 진지했음을 알 수 있다. 『반석』을 쓰기 1년 전인 1933년에 정치 사회적 행동의 확고한 이념의 필요성을 강조한 "Catholicism and International Order"를 발표. Peter Acroyd, T. S. Eliot, 1984, pp. 170~207 참조.

에 자신의 글이라면 코러스(Choruses) 정도라고 밝혔고,[86] 또한 『반석』의 서문에서도 작가의 것이 되는 부분은 아마도 제1부의 마지막 장면의 운문 이겠지만, 코러스는 전적으로 자신의 책임이었다고 적고 있다.[87] 따라서 본 장에서는 주로 코러스의 내용을 중심으로 신앙과 구원의 문제를 연관 시켜 고찰하고자 한다.

코러스가 대변자의 역할을 하는 것처럼 주역인 '반석'(Rock) 역시 상징 적 성격으로 마태복음 16장 18절의 "교회는 반석 위에 건립되어 왔다"라 는 구절을 의미한다. 『반석』의 극적기능은 코러스를 지지하여 현대사회에 서의 교회건립의 어려움을 피력하고, 끊임없이 계속되는 인간의 시련을 신앙심으로 극복해야 한다는 사실을 천명하는데 있다. 엘리엇은 제1부에 서 신앙심이 퇴조한 현실세계를 코러스를 빌어서 이렇게 밝히고 있다.

말들에 대한 지식, 그리고 그 말에 대한 무지,
모든 우리들의 지식은 우리로 하여금 우리의 무지에 더 가까이
　　다가가게 한다.
모든 우리들의 무식은 우리를 죽음에 더 가까이 가게 한다.
그러나 죽음과 가까운 것이 '신'에게 더 가까워지는 것은 아니다.

Knowledge of words, and ignorance of the Word.
All our knowledge brings us nearer to our ignorance,
All our ignorance brings us nearer to death,
But nearness to death no nearer to GOD.[88]

---

86) Eliot, "The Three Voice Of Poetry," *On Poetry and Poets*, The Noonday Press, 1961, p.
91. 관객을 향해 작자의 목소리를 전달하는 일은 코러스를 통해 할 수 있었으나
'제3의 목소리'인 극적 목소리는 담을 여유가 없었음을 밝히고 있다.
87) *The Spectator*, No. 8, June 1934, p. 887.

신의 말씀을 모르는 인간의 지식은 무지일 뿐, 하느님과의 거리를 멀리하고 죽음으로 가까이 가는 일이다. 20세기의 우리는 신으로부터 멀리 떨어진 먼지(the dust)에 가깝다는 깨달음이 있어야 한다. 런던의 도시인들은 이제 자기들에게 교회가 필요 없으니 교회는 교외로 나가서 종소리를 울려야 한다고 말하지만, 이것은 신앙의 교만을 나타내는 것이다. 이어서 엘리엇은 공업지역과 시골에서도 종교관이 메말라 있는 현상을 비유적으로 묘사한다.

공업지역에서, 나는 들은 바 있다,
경제 법령에 대해서.
쾌적한 시골에서, 이제 그곳이
단지 피크닉에 적합한 곳으로 보이고
교회는 원치 않은 것으로 보이며
시골이건 교외건, 그리고 도시에서도
교회는 단지 중요한 결혼식을 위해 존재한다.

In Industrial districts, there I was told
Of economic laws.
In the pleasant countrysides, there it seemed
That the country now is only fit for picnics.
And the Church does not seem to be wanted
In country or in suburb; and in the town
Only for important weddings.

---

88) 본 장의 『반석』은 Eliot, *The Complete Poems and Plays*, Faber and Faber, London, pp. 146~147에서 인용함.

중요한 결혼식 때나 사용되는 교회라는 표현은 풍자적 비유이다. 인간 사에 있어서 '중요함'은 잠정적인 것이며 신의 영원한 진리에 비하면 세속적 허영의 행사일 수도 있기 때문이다.

현세의 것은 변하지만 영원히 변치 않는 것이 있음을 『반석』은 다음과 같이 말한다.

인간이 행복으로 치부하는 것들
유용한 행동을 찾지만 그것은 불투명한 길로 가는 것,
……
나는 감히 말하노라, "너의 의지를 완벽하게 하리라."

세상은 돌고 그리고 세상은 변한다
그러나 한 가지만은 변치 않는다
나의 온생애에서, 한 가지 변치 않는 것이 있다
아무리 위장하려 해도, 그것은 변치 않는다.
끊임없는 선과 악의 투쟁인 것이다.

The things that men count for happiness, seeking
the good deeds that lead to obscurity,
……
I say to you: *Make perfect your will*.

The world turns and the world changes,
But one things does not change.
In all of my years, one things does not change.
However you disguise it, this thing does not change:
The perpetual struggle of Good and Evil.

선과 악의 영원한 싸움을 주지시키면서 관중에게 의지를 견고히 하라고 권고하는 장면은 마치 밀턴의『실낙원』에서 사탄의 끈질긴 반항과 역모를 묘사함으로써 신의 의사에 순종하는 일이 얼마나 투철한 신앙심을 필요로 하는가를 깨닫게 하는 역설적 강조를 연상케 한다. 선은 싸우는 고통(suffering) 없이는 이루어지지 않음을 시사한 구절이다. 블랙머(R. P. Blackmur)도 선과 악에 대한 기독교적 관점에서만 엘리엇의 인물은 실재성을 띠고 있다고 지적한다.[89]

선을 이루기 위해 끊임없이 악과 투쟁하는 의지가 필요하듯이, 가치 있는 일을 하기 위해서는 지루함을 참아야 한다. 교회를 건설하는 일꾼들은 돌을 쌓아 올리는 지루한 작업을 해야 한다. 단순히 건물을 짓는 맹목적인 노동만으로는 족하지 않다.『재의 수요일』(*Ash Wednesday*)의 최종부에서 화자는 새로운 자아의 탄생을 위해, 또 신의 의지에의 순종을 위해 신의 사랑을 희구하듯이, 교회를 짓는 노무자들은 자신을 겸손하게 낮추고 새롭게 태어나야 한다. 코러스는 '겸손한 자의 작업'(the work of the humble)을 지켜보라고 종용한다. 어둠 속에서 가치 있는 일을 하는 노무자들의 노래는 성가대의 찬양으로 비유되는 영창(chanting)으로 표현되고 있다.

아무것도 없는 곳에
우리는 새 벽돌을 쌓는다
사람들의 손과 기계들이 있고
그리고 새 벽돌에 바를 찰흙이 있다

---

89) R. P. Blackmur, "T .S. Eliot: From Ash Wednesday to Murder in the Cathedral," *Religion and Modern Literature*, ed. by G. B. Tennyson, William B. Eerdmans Publishing, 1975, p. 280.

몰타르를 굳힌 석회도 있다
벽돌이 떨어져 나가는 곳이 있으면
우리는 새 돌로 지을 것이며
빔이 썩게 되는 곳에는
새 재목들로 지을 것이다.
그리고 말씀이 없는 곳에는
새 말씀으로 지을 것이다.

In the vacant places
We will build with new bricks
There are hands and machines
And clay for new bricks
And lime for new mortar
Where the bricks are fallen
We will build with new stone
Where the beams are rotten
We will build with new timbers
Where the word is unspoken
We will build with new speech

'텅 빈 장소'란 아무것도 없는 곳, 낡은 것을 모두 비우고 새로운 것을 채울 수 있는 곳, 무의미했던 장소에 새로운 의미가 부여되는 장소이다. '새로운 것'에 대한 가치가 강조되듯 노무자들의 노래 속에서는 여섯 차례나 'new'가 반복되고 있다. 새 벽돌, 새 몰타르, 새 목재, 그리고 가장 중요한 '새 말씀'으로 작업을 한다고 종결짓고 있다.

새롭게 신의 말씀을 듣는 사람들의 활기 넘치는 노래와는 대조적으로

곧이어 실업자(Unemployed)들의 불평의 목소리가 들린다.

> 두 사람에게는 한 사람 분의 담배만 있을 것이고
> 두 여인에게 반 핀트의 쓴 에일 맥주만이 있다.
> 이 나라에선
> 아무도 우릴 고용하지 않았다.
> 우리들의 삶은 환영받지 못하며, 우리의 죽음도
> '더 타임'에 언급되지 않는다.

> *There shall be one cigarette to two men,*
> *To two women one half pint of bitter*
> *Ale. In the land*
> *No man has hired us.*
> *Our life is unwelcome, our death*
> *Unmentioned in 'The Times.'*

실업자들은 한 개비 담배도 나누어 피워야 하고, 환영받지 못하는 삶의 종말을 맞아도 신문의 기사거리도 되지 못하는 사회 낙오자들이다. 이들의 소리를 단지 불평하는 인물과 찬송하는 인물과의 대비로만 등장시켰다고 볼 수는 없다. 이러한 상반되는 요소의 대조 뒤에 감추어진 보다 깊은 의미를 살펴볼 필요가 있다.

첫째로, 이 극이 쓰인 시기의 시대적 배경을 살펴볼 때, 여기에는 각본자의 의도와 작가 엘리엇 자신의 사상이 표현되었다고 보아야 하겠다. 앞서 밝힌 대로 교회를 건립하는 일은 영원히 계속되어야 하는 선의 작업이며, 이 극의 공연 목표도 교회를 위한 모금이라는 뚜렷한 명분이 있다. 그러나 불과 40분 정도 소요되는 짧은 극에 비해 많은 등장인물과 여러 가지 주제를 담고 있는 것이 이 극의 특색이다. 선과 악의 문제를 위시해서 영원 속에 합일하는 시간의 동시성 문제, 선의 궁극적 승리 등이 주요 주제이긴 하지만, 이외에 사회에 부각되고 있는 여러 문제점들을 관심 있게 포괄적으로 다루고 있다는 점에서 현대인의 삶의 현장을 묘사하고 있는 것이다. 특히 실업자 문제, 블랙 셔츠가 상징하는 반 유대족의 문제, 현대 사회의 공동체의식의 부재, 신앙심의 퇴조, 인간의 의사소통을 가로막는 언어의 무기능성까지 언급하고 있다는 점에서 이 종교극은 사회비판의 구실을 하고 있다.[90]

역사적으로 볼 때 예루살렘의 성곽을 쌓았던 느헤미야(Nehemiah)와 그의 부하들에게도 일을 방해하는 선동자(the Agitator)가 있었다는 점을 염두에 두고 각본을 썼으며, 이러한 일은 과거에만 있던 일이 아니라, 제1차 대전의 기억이 아직도 생생한 이 시기에도 재생될 수 있는 것으로 보았다.

『반석』에서 교회를 짓고 있는 노무자들도 사회적 현실을 모르고 있는 것은 아니다. 그들과 일반 실업자들이 느끼는 삶의 좌절을 알고 있다. 하지만 그들에게는 무의미한 것에서 의미(the meaning)를 찾겠다는 결의가 있는 것이다.

이 거리에는
시작도 없으며, 움직임이 없고, 평화도 없으며 끝도 없다.
언어가 없어 소음만이, 풍미 없는 음식만이 있다.
지체 없이, 서두름 없이
우리가 이 거리의 시작과 끝을 세울 것이다

90) E. Martin Browne, *The Making of T. S. Eliot's Play*, Cambridge University Press, p. 9.

우리는 의미를 세우고:
모든 사람을 위한 교회를
각 사람에게는 직업을
각자 그의 직장으로 가게 한다.

In the street
There is no beginning, no movement, no peace and no end
But noise without speech, food without taste.
Without delay, without haste
We Would build he beginnings and the end of this street.
We build the meaning:
A Church for all
And a job for each
Each man to his work

처음도 끝도 없는 길에서 "서두름이 없이 우리는 길의 처음과 끝을 세우려 한다"는 것은 이영걸 교수가 지적한대로 '끝없고 목적 없는 현대문명의 특질에 대한 대응책'이다[91].

제2부에서는 영국교회의 역사적 의의를 설명하며, 성쇠와 변화를 겪으면서도 오늘날까지 이어지는 전통의 중요성을 말하고 있다. "과거에 저지른 잘못의 결과로 오늘 고통을 받지 않을 수 없기 때문에"(For every ill deed in the past we suffer the consequence) 교회는 부단히 세워져야 하며, 항상 쇠약해지면 복구하는 작업은 필연적인 것임을 강조한다. 그렇지 않다면,

---

91) 이영걸, "엘리어트의 시간관",『영미시와 한국시』, 문학예술사, 서울, 1981, p. 262.

함께 하는 삶이 아니라면 무슨 삶이겠는가?
공동체사회 속에 속한 것이 아니라면 그건 삶이 아니며,
신의 찬양 속에 살지 않는다면 공동 사회가 아닌 것이다.

What life have you if you have not life together?
There is no life that is not in community,
And no community not lived in praise of GOD.

신을 찬미하는 공동체생활이 형성되지 못한다. 특히 이웃을 의식하지 않는 현대사회에서는 서로를 묶어주는 교회의 역할이 중요하다.

제3부에서는 '신을 잃은 사람들'(godless people)과 '아스팔트 길'과 '잃어버린 골프 공'이 나오는 세상적 삶이 제시된다. 이러한 도시를 방문하는 '그 길손'(the stranger)에게 우리는 무슨 말을 할 수 있을 것인가? 그는 고개를 돌리고 사막으로 돌아갔으나, 그가 다시 찾아오는 날 우리는 그에게 대답할 말을 준비해야 한다.

비록 당신이 사원으로 가는 길을 잊어도,
당신의 문으로 들어설 길을 기억하는 분이 있으니:
삶은 당신이 피할 수 있어도, '죽음'은 피할 수 없을 것이다.
'낯선 손님'을 부정하지 말지어다.

Through you forget the way to the Temple,
There is one who remembers the way to your door:
Life you may evade, but Death you shall not.
You shall not deny the Stranger.

죽음을 피하지 못하는 것과 마찬가지로 길손과의 만남은 필연적인 것이라는 비유에서 우리는 길손을 예수님으로 보게 된다. 그리스도의 재림 시 신앙심을 잃고 살았던 과거를 후회하는 일이 없어야 한다는 점을 강조한 구절이다.

세속적 삶을 초월한 영역을 망각하고 사는 습성은 비단 현대에서 뿐 아니라 고대의 삶에서도 선례가 있었음을 제4부에서 지적한 후, 코러스는 제5부에 가서 이러한 인간의 어두운 면 때문에 기독교적 겸손과 순수성이 중요함을 역설한다. 제6부에서는 교회는 끊임없이 인간의 악과 죄를 지적하며, 인간이 듣기 싫어하는 문제에 대해 많이 언급하기 때문에, 사람들은 교회를 회피하고, 자신들의 가치체계만으로 충분하다고 생각한다. 그렇기 때문에 그리스도의 수난과 종교인의 투쟁은 계속될 수밖에 없음을 주장한다.

　　그리고 '사람의 아들'은 모든 사람을 위해 한번만 십자가에
　　　못박히시지 않는다.
　　순교자들의 피는 모든 사람을 위해 한번만 흘리지 않는다.
　　성자들의 생명은 모든 사람을 위해 한번만 버리는 것이 아니다.
　　'사람의 아들'은 항상 십자가를 지시며
　　그리고 순교자들과 성자들이 있을 것이다.

　　And the Son of Man was not crucified once for all,
　　The blood of the martyrs not shed for all,
　　The lives of the Saints not given once for all:
　　But the Son of Man is crucified always
　　And there shall be Martyrs and Saints.

'순교자'와 '성자'가 되는 길은 개인적 의사가 아닌 신의 의지에 완전히 복종할 때 이루어진다는 점을 엘리엇은 다음의 극작 『대성당의 시해』에서 보다 심오하게 다루지만, 『반석』에서는 순교의 개념을 한 사람의 내적 고뇌보다는 외부적 상황과 현대인의 공통된 의식문제로 다루었다. 매티슨이 이 극은 하나의 종교극일 뿐 희곡이 아니라고 평가한 것도,[92] 여기에는 어떤 강렬한 투쟁이나 내적 갈등이 없고 다만 장면들이 비슷한 어조로 이루어지는 구조만을 가졌기 때문일 것이다. 그러나 이 극을 『스위니 아고니스테스』처럼 실패작으로 본 그로버 스미스도 이 극의 코러스의 어조만은 다양한 감정을 폭넓게 수용하고 있다고 평가한다.

> 작품 전체에 걸쳐서, 코러스는 희랍극의 해설자 역할을 취하면서, 폭넓은 범위의 어조로 유연한 용어를 사용하고 있다. 코러스의 말들은 탄원과 비난, 슬픔, 분노, 그리고 기쁨을, 프롤로그의 느리고 조용한 것에서부터 퍼져나가는 템포로서, 아이러니와 슬픔을 반영하는 부분과 경고의 강렬함을 거쳐 찬양의 찬송가의 빠른 환희에 이르는 것으로 나타내고 있다.

> Throughout the work, the Chorus, assuming a Greek role of commentary, employs supple diction with a board range of tone. Its speeches convey pleading and reproach, sorrow, wrath, and joy, at tempos extending from the slow calm of its prologues, through the irony and grief of its reflective passages and the intensity of its exhortation, to the quick jubilation of its hymn of praise.[93]

---

92) F. O. Matthiessen, *The Achievement of T. S. Eliot*, p. 161.
93) Grover Smith, *T. S. Eliot's Poetry and Plays*, p. 174.

‘넓은 범위의 어조’로 ‘유연한 용어’를 채택했다는 것은 코러스를 통해 관객에게 전달되는 작가의 견해가 적절한 심상과 은유로 표현된 점을 지적한 것이다. 코러스의 기능은『반석』의 경우처럼 주제가 명확하고 상연 조건이 극작가에게 제한이 가해질 때는 합창의 다양한 정서의 표현으로 보충적 효과를 가져올 수 있다. 엘리엇은 이러한 코러스의 기능을『대성당의 시해』에서 더욱 발전시켜 긴밀하게 극적구조 속에 통합시켰다.

　　『대성당의 시해』에서 주인공 베켓의 내면의 갈등이 캔터베리 여인들의 목소리를 빌어서 합창으로 표현되었다면,『반석』의 합창은 엘리엇의 ‘제2의 목소리’, 작가가 관객에게 직접 전달하는 사상의 메시지로 볼 수 있다, 따라서 이 극의 진전에 따라 그의 기독교사상의 변론이 더욱 깊어짐을 읽게 된다. 특히 제7부는 창세 이후 인간은 ‘보잘 것 없는 삶’(waste and void) 속에서도 정신적 염원을 지녀왔고, 그러한 시간들과 영원을 연결시키는 사건으로 그리스도가 탄생하여 역사의 의미를 부여했던 사실을 우리는 알게 된다.

　　　　그리고는 예정된 순간에, 시간 안에서 또한 시간 전에 한 순간이
　　　　왔으니, 시간 밖의 한 순간이 아니라, 시간 안에서, 우리가 역사라
　　　　고 부르는 것에서: 횡단하며, 시간의 세계에서 갈라지면서, 시간 안
　　　　에서의 순간이면서도 시간의 한 순간 같지 않으며, 시간 안에서의
　　　　한 순간이면서도 시간은 그 순간을 통해 만들어진다. 왜냐하면 의
　　　　미가 없으면 시간이란 없는 것이며, 따라서 시간의 그 순간이 의미
　　　　를 부여한 것이다.

　　　　Then came, at a predetermined moment, a moment in time and of time,
　　　　A moment not out of time, but in time, in what we call history;

transecting, bisecting the world of time, a moment in time but not like
a moment of time, A moment in time but time was made through that
moment; for without the meaning there is no time, and that moment
of time gave the meaning,

시간이 세계를 절단시키는 순간이지만 의미 있는 순간이며 초월적 시
간임을 확신한다. 현실의 시간이 아닌 영원한 시간의 가치는 엘리엇의 시
세계에서 주요 주제로 다루어지고 있지만, 일상적인 세계의 허무를 기독
교적인 신앙으로 극복하고 심령적인 '비전'을 제시한 이 극의 코러스 내
용은 그리스도의 탄생의 의미를 부각시킨다. 따라서 제8부는 '신앙과 확
신'에 의한 구원에 대한 희망을 보여준다. 제9부에 따르면 형상 없던 돌이
예술가의 작업에 의해 생명 있는 새로운 형체로 창조되듯이, 이제까지의
무의미했던 삶의 모습들이 색채를 띠고 형상화되는 것이다.

형체 없는 돌에서, 예술가가 그 자신을 돌과 결합시킬 때
항상 삶의 새로운 형상이 출현하는 것이며, 그것은 인간의 영혼이
　　돌의 영혼과 합쳐졌기 때문이다.
모든 살아 있거나 생명 없는 무의미한 실재의 모습들로부터.
예술가의 눈과 결합하여, 새로운 삶, 새로운 형상, 새로운 색채를
　　만들어낸다.

Out of the formless stone, when the artist unites himself with stone,
Spring always new forms of life, from the soul of man that is joined to
　　the soul of stone;
Out of the meaningless practical shapes of all that is living or lifeless,
Joined with the artist's eye, new life, new form, new colour.

그리고 고통과 노고 없이 창작이 불가능하듯(the work of creation is never without travail), 우리도 그리스도의 정신과 성육(成肉)의 고통을 본받아 육체적인 것을 부정하지 않으면서도(you must not deny the body), 교회를 건립하여 장식된 제단 위에 눈으로 볼 수 있는 십자가(the visible crucifix)를 세워 불을 켜는 성취의 기쁨을 취하자고 노래한다.

최종부에서는 힘찬 찬양이 나온다.

오-'보이지 않는 빛'이시여, 당신을 찬미하나이다.
인간의 눈에는 너무나 눈부십니다.
오-'보다 위대한 빛'이시여, 더 작은 빛을 위해 당신을
　　찬미하나이다.

O Light Invisible, we praise Thee!
Too bright for mortal vision.
O Greater Light, we praise Thee for the less;

가시적 교회의 빛 너머에 불가시한 신의 빛이 찬란하게 있음을 인지하고 신의 은총을 찬미하는 것으로 『반석』은 끝맺고 있다.

그리고 우리가 '보이지 않는 빛'을 향해 제단을 만들었을 때,
　　우리는 그 위에 우리의 육체적 시선을 위해 만든 작은 촛대들을
　　올려놓겠습니다.
그리고 어둠이 우리로 하여금 빛을 깨닫게 해주신 당신에게
　　감사하나이다.
오-'보이지 않는 빛'이시여, 우리는 당신의 크신 영광을 위해
　　감사를 드리나이다!

And when we have built an altar to the Invisible Light, we may set
    thereon the little lights for which our bodily vision is made.
And we thank Thee that darkness reminds us of light,
O Light Invisible. we give Thee thanks for Thy great glory!

신의 큰 영광을 알고 감사하는 마음은 어둠 속에서도 빛을 볼 수 있는 눈을 갖게 되며 '보이는 빛과 안 보이는 빛'의 본질도 깨닫고, 신의와의 화합을 이룩한다.

우리가 이제까지 살펴본 바와 같이, 엘리엇이 본 현실은 신의 뜻과는 거리가 먼 세속적 가치에 얽매어 있는 인간의 세계이다. 이러한 인간의 이론으로는 교회를 건설하는 일은 의미 없는 일로 귀착될 것이다. 그러나 신을 등지고 인간소외마저 겪고 있는 이들은 그 불안감을 해소시킬 수 있는 방법을 현대문명 속에서는 도저히 찾을 수가 없다. 인간이 악에서 벗어나고자 하는 염원이 있는 한, 현세를 초월하는 절대적 존재에 대한 추구가 필연적으로 따르기 마련이다. 영원의 시간 속에서 궁극적이며 불변의 신령한 빛의 실체를 체험하려고 노력하는 길 이외에 우리의 영혼을 깨어 있게 할 방법은 없다. 따라서 '빛'의 상징은 우리의 영혼을 밝혀 주는 핵심적인 '구원'으로 해석될 수 있다. 교회건립을 물체의 성립이 아닌 현대인의 정신적 종교적 신앙의 성취로 보는 것이 엘리엇의 시점이기 때문이다.

이와 같이 『반석』은 교회기금을 마련하기 위한 뚜렷한 목표가 있었던 종교극이며, 이를 후원하는 기독교신자들이 주요 관객의 자리를 지켰을 것이고, 짧은 상연시간과 아마추어 출연자들의 대거 참가라는 공연상의 여러 가지 제한이 있었던 극임에도 불구하고, 엘리엇의 사상이 현대 문명 비판에서부터 종교적 확신에 이르기까지 다양한 문제를 다루며 구원의 길을 모색한 작품이라고 볼 수 있다. 구원의 문제는 기독교신자들에게 끊임없이 사색해야 하는 신앙의 의미이며 목표이다. 이를 위해 엘리엇은 교회 건립의 의의를 현재의 시간 속에서 단순히 돌을 쌓아올리는 작업으로 보지 않고, 모든 세대에 계속되어야 할 영원한 투쟁으로 보고 있다. 그리고 이 일을 방해하는 현대사회의 모든 악조건은 영원한 시간을 깨닫는 종교적 각성이 이루어질 때 개선될 수 있음을 밝혔다.

가시적 건물을 짓는 현재의 행동은 영원 속에서 평가된다. 시간의 모티프는 이 극의 핵심의 하나이며, 코러스를 통해 과거와 현재의 시간은 변화와 영원의 상징으로 취급되고 있다. "The Dry Salvages"에서도 엘리엇은 '시간과 무시간의 교차점을 인식한 것'(to apprehend the point of intersection with time)이 영원 속의 신을 인식하는 길이라고 하였거니와, 이 극의 코러스의 중요한 역할도 우리로 하여금 종교적 주제를 시간과 영원에 결부시켜 명상하도록 만드는데 있다. 과거의 시간을 현재에 융합함으로써 동시적 재경험을 가능하게 하는 수법으로 주제를 강조한다. 이는 『스위니 아고니스테스』에서 사용된 코러스의 기능보다 강한 극적방법이라 할 수 있다. 코러스가 『스위니』에서는 주로 분위기 조정의 역할을 했다면 『반석』에서는 보다 적극적으로 관객과의 공감을 형성시키는데 기여하고 있으며, 의미를 강조하는 개성적인 극적인물의 성격을 지니고 있다. 코러스의 리듬도 관객의 감정을 강하게 유발시키기 위해 『스위니 아고니스테스』의 리듬보다 육중하다. 코러스의 개성적인 극적성격은 『대성당의 시해』에서보다 긴밀하게 극적구조와 통합된다.

그러나 『반석』에서 엘리엇은 이미 현대관객에게 코러스의 기능을 새로운 방법에 의해 극적의미를 전달하고 있으며, 이러한 엘리엇의 시도가 비평가들에게는 생소한 것일 수 있음을 데이빗 존스는 지적한다. 존스의 견해는 『반석』을 평가한 평자들의 경험부족과 접근방법의 획일성이 새로운 기법을 충분히 이해하지 못한 점에 유의하고 있다.[94]

이 극의 공연에 있어 중요한 책임을 맡았던 브라운은 다음과 같은 당시의 시평들을 소개하면서 『반석』의 극적 가치와 그 의의를 높이 평가하고 있다.

> 엘리엇 씨의 야외 종교극은 극적형식으로 인해 처음에는 성찬식으로 보인다. … 코러스가 중간에 끼고, 그들의 말의 아름다움과 속도의 변화에 따라 새로운 추진력이 주어진다. … 엘리엇 씨는 … 극장에서 새로운 것을 창작했으며, 현대 시극을 향한 길을 보다 유연하게 만들었다. (더 타임, 1934년 5월 29일)

> Mr. Eliot's pageant play looked first to liturgy for its dramatic form. … The Chorus would come between, and by their beauty of speech and variations of pace impart a new impetus. … Mr. Eliot … has created a new thing in the theatre and made smoother the path towards a contemporary poetic drama. (*The Times* 29 May 1934)[95]

제의를 극적형식으로 사용한 점, 코러스의 아름다운 언어와 리듬의 사

---

94) David E. Jones, *The Plays of T. S. Eliot*, p. 49. 『반석』의 새로운 형식에 대해 "When we next apply ourselves, we find that it comes easily; the hard-earned lessons have been absorbed and we make the right approach almost without thinking about it."라고 말함으로써 우리 자신이 엘리엇의 기법에 보다 익숙해질 때까지 자연스럽게 받아들인다고 함.

95) E. Martin Browne, *The Making of T. S. Eliot's Play*, p. 32.

용이 현대시극을 새롭게 했다는 점 등이 높이 평가되고 있다.『모닝 포스트』와『데일리 텔리그라프』도 '새로운 시도' 또는 '상상력의 탁월한 풍자적 박력' 등이란 말로 논평했으며,『뉴 스테이츠맨』(*The New Statesman,* 2 June 1934)에서는『반석』의 코러스는 한번만 읽고서는 충분히 감상할 수 없는 높은 수준의 것이라고 평가했다.

엘리엇 씨는 그 자신이 우리의 모든 전문적인 극작가들을 합친 것
보다 훨씬 위대한 극작기법의 대가임을 보여주고 있다.

Mr. Eliot shows himself a greater master of theatrical technique
than all our professional dramatists put together.

그뿐 아니라『옵저버』역시 희곡문학의 획기적 업적(a landmark in dramatic literature)이라고 극찬했다.[96]

비록 종교적 주제와 의도를 위해 사회적 문제를 다루었다 해도 그것이 문학적 형식과 기법에 의해 작품화되었다면 그것은 종교적 설교나 시사강론이 아닌 예술작품임에 틀림없다는 사실은, 마치 우리가 버나드 쇼의 극작품 속에서 그의 페이비언(Fabian) 사상이나 생명력(Life-force) 이론을 발견할 수 있는 경우와 흡사하다.

『반석』을 통해 우리는 엘리엇의 사상과 기독교관을 엿볼 수 있다. 더욱이 이 작품은 종합예술형식인 연극의 공연기술이 달라짐에 따라서 새로운 평가를 받게 되리라고 생각된다. 다만 기독교적 문화권 이외의 다른 곳에서 엘리엇의 극적어휘와 사상적 주장이 어떻게 전달될 것인가 하는 문

---

96) Ibid., p. 33.

제는 이 극이 갖는 제한으로 남는다고 할 수 있다.

2. 순교의 의미
『대성당의 시해』(*Murder in the Cathedral*)

『대성당의 시해』는 『반석』이 상연된 다음해에 캔터베리 축제를 위해 쓴 작품으로 역시 종교적 의도가 뚜렷하다. 두 극은 모두 축제에 참석한 관객들에게 신앙심의 각성을 촉구하며 교회사업의 의의를 재인식하도록 유도하기 위해 엘리엇이 위촉을 받고 쓴 작품이다. 그러나 엘리엇은 이 극작을 단순히 일시적인 행사를 위한 것으로 제한시키지 않았고, 극 속에서 기독교신앙의 본질적이며 궁극적인 문제를 탐색하여, 현대인의 정신세계에 '신의 영원한 빛'을 조명하고자 하는 진지한 의도를 표명하였다.

『반석』이 교회건립의 의의를 현세적인 시간 속의 당면과제에서 찾지 않고, 시간을 초월하여 영원히 계속되는 선악의 투쟁에서 선이 승리하는 것을 궁극적 목표에 두었던 것처럼, 『대성당의 시해』 역시 토마스 베켓 대주교의 순교를 12세기의 역사적 사건으로만 한정시키지 않고, 영원한 신의 의도(the design of God)라는 관점에서 조명하고 있다. 이와 같이 두 작품은 다 같이 주제에 있어서 철학적이며 신학적인 의미를 함축하고 있지만, 극적 기법에 있어서도 시적 언어의 구사, 운율의 효과, 코러스의 기능 등을 통해 유사한 예술적 효과를 거두고 있다고 하겠다.

엘리엇의 모든 극작품에 일관하는 주제는 현대사회에서 공동생활의 정신적 목표는 기독교 신앙을 바탕으로 한 정신생활의 재생이어야 하며, 특히 성자적 삶의 모형을 제시함으로써 서구문명의 재건을 희구하는 일이라 할 수 있다.

『대성당의 시해』는 신앙의 극치적 행위로서 칭송받는 순교의 본질을 규명하면서, 기독교적 희생으로 이룬 정신적 성취가 인간의 의지가 아닌 신의 뜻에 복종할 때만이 가능해 진다는 것을 밝혀 준다, 이것은 맹목적인 복종이 아니라 인간의 책임이 수반되는 정신적인 각성이다. 각성에 이르기까지의 심리적인 갈등과 고통은 외부로부터 받는 현실적인 압력에 비해 월등하게 심오한 것이다. 따라서 정신적 고통을 겪은 후의 행위는 현실 세계의 유혹을 멀리 물리친 행동보다 가치 있는 것으로 승화된다. 엘리엇은 베켓의 순교를 기독교인의 희생적인 행동으로 규정하지 않고, 베켓의 내면의식의 변화로 인해 순교의 본질적 의미를 파악할 때까지 그가 경험하는 고통과 결단의 행동으로 파악하고 있다. 이러한 극적 구조는 『반석』보다 치밀하게 짜여 종교적 주제를 보다 철학적으로 조명하고 있다.

코러스의 기능도 『반석』에서는 완전히 개성화되지 못했기 때문에 데이빗 존스가 평한 바대로 작가의 의사를 전달하는 소리(a voice-piece)에 불과했으나, 이 극에서의 코러스는 그 자체가 뚜렷한 성격을 가짐으로써 보다 본질적인 극(a full-scale story)으로 발전시키는데 기여하였다.[97] 엘리엇은 코러스의 사용이 이 극에서 놀랄만한 효과를 거둘 수 있었음을 밝히면서, 극적행동에 따라 그가 코러스를 통해 감정을 반영시켰을 때 극의 의미

---

97) David E. Jones, pp. 50~53. 합창의 기능은 아이킬로스 이후 점차 쇠퇴하였다 해도 극적사건의 해설자 역할을 하게 된 것을 엘리엇은 다시 아이킬로스와 같이 중심적 역할을 하도록 회복시켜 놓았다. 그러나 그대로 아이킬로스를 모방한 것이 아니고 훨씬 개성화시킴으로써 작가의 의견이 대변자적인 역할만이 아니라 구속(救贖)을 경험하는 중생의 역할을 구체적으로 담당하고 있다. 이러한 합창의 기능뿐 아니라 극의 형식에 있어서도 중세 영국 도덕극 *Everyman*의 운율을 토대로 한 것 이외는 희랍극의 형식을 따르고 있다고 지적되고 있다.

를 강화할 수 있었을 뿐 아니라, 기법상의 결점들도 은폐할 수 있었다고 술회한다.

> 흥분하고 때로는 히스테리컬한 코러스의 도입은, 그들의 감정에서 액션(연기)의 의미를 반영시키면서 훌륭하게 도움을 주었다. 두 번째 이유로서, 시인이 처음으로 무대를 위해 작품을 쓸 때는 극적대사보다는 합창시가 더 편안하기 때문이다. 이것이 뭔가 내가 할 수 있는 것이라는 확신이 있었고, 어쩌면 여인들의 울부짖음으로 인해 극적 약점이 가려질 수 있었을 것이다. 코러스의 사용이 힘을 더해 주었고, 나의 극적기법의 단점을 숨겨주었다. 이러한 이유로 나는 다음번에는 연극 속에 더욱 긴밀하게 융합시키고자 마음먹었다.

> The introduction of a chorus of excited and sometimes hysterical women, reflecting in their emotion the significance of the action, helped wonderfully. The second reason was this: that a poet writing for the first time for the stage, is much more a home in choral verse than in dramatic dialogue. This, I felt sure, was something I could do, and perhaps the dramatics weaknesses would be somewhat covered up by the cries of the women. The use of a chorus strengthened the power, and concealed the defects of my theatrical technique. For this reason I decided that next time I would to integrate the chorus more closely into the play.[98]

엘리엇이 극적기술의 결점들을 은폐할 수 있었다고 술회한 것은 작가

---

98) Eliot, "Poetry and Drama," *On Poetry and Poets*, p. 86.

의 겸손한 표현이며, 그는 『대성당의 시해』 이후 코러스의 사용에 있어서 자신감을 가질 만큼 극중 코러스의 역할은 성공적으로 평가된다.

코러스의 감정을 극적행동과 긴밀하게 연관시켜서 극의 결합적 의미를 표현하는 방법은 『대성당의 시해』 이후에도 엘리엇의 극작기법의 특징으로 볼 수 있다. 특히 이 극에서 캔터베리의 평범한 여인들을 상징한 코러스는 데이빗 존스가 지적한 바와 같이, '개인의 귀중한 특성과 영적 공동체의 중요성을 동시에 강조하는 기독교적인 암시'를 주고 있다.[99] 개체화된 코러스의 성격은 또한 보편적인 인간의 집결의지를 대변함으로써 베켓의 순교 의미를 객관화시키는 방편으로 사용되고 있기 때문이다. 처음에는 주인공의 행동을 이해하지 못하는 개체로 출발하여, 차츰 인식의 도를 높이면서 마침내 베켓의 죽음을 통해 인류의 속죄를 구하는 차원으로 발전한다. 이러한 베켓의 성격은, 마치 엘리엇의 언어기법이 극의 의미와 밀접하게 연관되어 통일성을 이루는 것처럼, 극적구조에서 유리될 수 없는 중요한 요소이다. 따라서 이 글에서는 코러스에 대한 고찰은 엘리엇의 언어기법에 대한 고찰은 물론 엘리엇의 사상 고찰에 있어서도 분리시킬 수 없는 요소이므로 특히 강조하고자 한다.

토마스 베켓의 순교는 영국 순교자들 가운데 가장 유명한 역사적 사건으로 관객이 이미 숙지하고 있는 이야기이다. 잘 알려진 이야기를 다룬다는 것은 작가에게 인물창조나 이야기의 구성에 있어서 제한을 준다. 이러한 제한점을 엘리엇은 사건의 역사적 사실성에서 탈피하여 순교의 의미를 해석하는 베켓의 정신세계에 초점을 둠으로써 해결하였다.

베켓은 헨리 2세로부터 대법관(Lord Chancellor)의 지위를 임명받았고,

---

99) David E. Jones, Ibid., p. 53.

그 후 캔터베리 대성당의 대주교의 자리에 올랐다. 그러나 1170년 크리스마스가 지난 며칠 후, 국왕을 추종하는 일군의 살인자들은 베켓과 국왕과의 불화를 구실로 대성당의 제단에서 베켓을 살해했다. 이 역사적 사건 이후 캔터베리는 기독교인의 순례 중심지가 되어 왔다. 엘리엇은 베켓의 죽음을 과거의 사건으로 관객에게 회상시키는 것에 대해서는 관심을 두지 않았다. 이 극의 외적 갈등은 현세적 주권(主權)과 영원한 신의 목자와의 대결로 설정하고 있으나, 보다 핵심적 갈등은 주인공의 내부세계에서 일어나는 현세적 명예와 이를 극복하고자 하는 성자적 의지와의 대결이다. A. D. 무디는 이 극의 외적 구조만 본다면 사회현실을 극화한 것과 같은 정치극으로 해석할 수 있을 것이며, 또는 기독교적 현실을 묘사한 것으로 볼 수 있다고 하였다.[100] 주권과 국권과의 대립과 가난한 코러스의 여인들이 표명하는 삶에 대한 비탄을 통해 그들의 사회가 공평하지 못함을 알 수 있다. 그러나 이러한 사회적인 문제가 이 극의 핵심은 아니며, 신의 질서를 상실한 인간사회의 단면을 설정해 놓은 것에 의미가 있다. 우리는 베켓의 내적 갈등을 통해 순교의 진정한 의미가 현세적 투쟁에서의 승리하는데 있는 것이 아니라, 순교자의 영광까지도 거부하고 완전히 신의에 복종하는데 있음을 안다. 따라서 순교는 외부적인 압박과 정신적인 고통에서 자유로워지는 일이다.

헬렌 가드너도 교회와 국가와의 대립 문제가 시사되고 있지만 중심적인 주제는 엄밀히 말해서 '순교자'(martyr)의 어원인 '증언하는 자', 즉 그리스도의 피가 헛되지 않음을 증언하는 자라는 뜻으로, 베켓의 순교를 해석한다.[101] 이 극에서는 왕이 등장하는 것도 아니며, 기사들(the knights)

---

100) A. D. Moody, *Thomas Stearns Eliot Poet*, Cambridge University Press, 1980, p. 170.

역시 개별적 인물의 성격이 아닌 계급적 집단의 일원이며 그들의 행동도 개인감정이나 독자적인 동기에 의한 것은 아니다. 가드너는 이들이 처음에는 일군의 폭력단(a gang)으로, 다음에는 일련의 태도(a set of attitude)로 나오고, 이들의 정치적인 주장들은 대부분 산문으로 표현되고 있음을 지적하면서 이 작품에서는 외부적 갈등의 문제가 중요하지 않음을 강조하고 있다.102)

그러나 엘리엇이 순교의 의미를 규명하는 작업에서 비록 외연적인 요소이기는 하지만 왜 기독교적 신념이 결핍된 무모한 기사들을 등장시켰는가를 먼저 살펴볼 필요가 있다. 기사들은 이 극을 여는 합창단의 '평범한 캔터베리 여인들'처럼 세속적인 인물들이다. 합창단의 여인들이 무지에서 출발하여 순교를 증언할 수 있게끔 발전하는 인물의 성격을 지닌 것과는 대조적으로 기사들은 자신들의 행동에 대한 반성이나 각성도 없고, 순교의 의미를 파악도 증언도 못하는 변화 없는 성격을 보이고 있다. 엘리엇은 베켓의 죽음의 의미를 어떻게 현대관객에게 전달시킬 수 있는가 하는 고심에서, 의미를 공감할 수 있는 자와 끝내 맹목적 행동에 얽매여 재생을 얻지 못하는 자를 현대의 군중 속에서도 발견할 수 있다는 암시를 주기 위해 두 성격을 대비시켰는지도 모른다. 마틴 브라운도 이 극이 정치적 공백(a political vacuum)에서 나온 것이 아님을 상기시키고 있다고 지적한다.103) 엘리엇은 극작을 요청받았을 때 20세기 현대사회가 갖고 있는 갈

---

101) Helen Gardner, *The Art of T. S. Eliot*, p. 133.
"For the word martyr means witness, and church did not at first confine the word to those who sealed their witness with their blood; it was a later distinction that separated the martyr from confessors."
102) Ibid., p. 133.
103) E. M. Browne, p. 36.

116 | T. S. 엘리엇 시극론

등이 거의 12세기의 문제를 반복하고 있다고 보았을 것이며, 왕권과 대항하는 베켓의 성격으로 설정하였다. 기사들이 20세기의 구어체 산문조로 관객을 향해 살해의 변명을 늘어놓은 부분은 마치 현대의 파시스트를 비유한 것 같은 인상을 받는다. 이러한 시점에서 이 극의 외적 갈등을 살펴보면, 베켓의 시대적 상황과 20세기의 사회적 현실에는 성자적 인물을 이해하지 못하거나 압박하는 요소들이 유사한 형태로 존재한다는 것을 시사하고 있다.

이 극의 주인공 베켓은 현세적 투쟁이 아닌 영원한 신의 시간 안에서의 악과의 대결이라는 것을 자각하고, 모든 것은 신의 법에 따르겠다고 말할 때 그의 결의 속에는 '죽음과 시간'의 문제가 천명되고 있다.

나의 죽음이 알려지는 것은 시간 안에서가 아니다.
시간 전에 나의 결정이 취해지는 것이며
그것을 결정으로 부른다면
그것에 나의 온 존재를 바치는 것에 동의하는 것이며,
나의 목숨을 '인간의 법' 위에 있는 '신의 법'에 바치는 것이다.

It is not in time that my death shall be known;
It is out of time that my decision is taken
If you call that decision
To which my whole being gives entire consent.
I give my life
To the Law of God above the Laws of Man.[104]

---

104) 본 장의『대성당의 시해』는 엘리엇, *The Complete Poems and Plays*, Faber and Faber, London, pp. 237~282에서 인용함.

그러나 이러한 결심이 서기까지 베켓은 자신이 택한 성자적 삶의 길이 다른 사람에게는 이해되지 않으리라는 것을 미리 예언하고 있다.

> 그러나 올바른 일을 하면서, 정치적인 사람들과 싸운다는 것은
> 그 이유를 정치적으로 만들 수 있으니, 그들이 무엇을 하느냐가
> 　아니라
> 그들이 어떤 사람들인가에 따라서임을, 나는 안다.

> 나의 이야기에 대해서는 할 말이 남아 있지만
> 너희들 대부분에게는 기껏해야 소용없는 것이 될 것이다.
> 미친 사람의 지각없는 자살행위,
> 광신자의 오만한 열정쯤으로 여기겠지.
> 역사란 항상 가장 먼 원인에서
> 가장 기이한 결과를 끌어내는 것이다.

> Still doing right: and striving with political men
> May make hat cause political, not by what do
> But by what they are. I know

> What yet remains to show you of my history
> Will seem to most of you at best futility,
> Senseless self-slaughter of a lunatic,
> Arrogant passion of a fanatic.
> I know that history all times draws.
> The strangest consequence from remotest cause.

신의 뜻에 복종하는 옳은 행동도 속인의 시각으로는 단지 정치적 이

유로 간주하는 경우도 있을 것이며, 순교가 후세 사람들에게는 어느 정신 병자의 '지각없는 자살행위'이거나 '광신자의 오만한 행동'으로 보일 것임을 지적하고 있다. 베켓은 성자와 속인 사이의 현격한 인식의 차이를 예지하여 그의 행동이 세속적 가치에 의한 것이 아님을 말한다.

엘리엇은 『스위니 아고니스테스』에서도 주인공의 고뇌가 현대인에게 전달되지 못하고 있는 것을 심각한 문제로 제시했고, 『반석』에서도 교회 건립의 진정한 의의를 기독교신앙이 퇴조한 현대사회에 어떻게 부각시킬 수 있을 것인가에 중점을 두었다. 『대성당의 시해』에서도 현대관객의 시야를 어떻게 현세적 인식의 영역에서 벗어나게 할 것인가에 관심을 두고 있음을 알 수 있다.

피터 아크로이드는 베켓이 특별히 남보다 우월한 지각을 지닌 인물이지만, 그의 위대성은 이면에 약점이 될 수 있는 요소와 유관한 것이라고 지적하면서, 이러한 인물의 성격에 엘리엇은 깊은 관심을 두고 있다고 지적한다.[105] 베켓의 약점이란 그가 대법관 직에 있을 때 "오랜 친구 톰, 명랑한 톰"(Old tom, gay Tom)이란 애칭으로 왕과 가깝게 지내면서도 항상 마음속에는 불안과 소외감을 지녔던 점이다.

제일 사제(First Priest)가 보는 베켓은 다음과 같다.

무시당하고 무시당하면서, 항상 고립되어,
결코 그들과 함께 하는 분이 아니며, 항상 불안정하셨으니;

---

105) Peter Ackroyd, p. 227. 베켓은 보통 사람들보다 뛰어난 인물인데도 유혹과 죽음을 수동적으로 받아들인다는 것은 그의 성격이 불투명했음을 보여주며, 앞길에 고난만이 있을 것이 명백한데도 죽음을 피하지 않는 베켓의 모습은 한때 당당했던 때의 모습과 대조적이라고 할 수 있다.

그분의 자존심은 항상 자신의 덕망에 쏠려 있었고,
자존심은 공평심에서 그 생명력을 이끌어냈으며,
자존심은 관용으로 그 생명력을 이끌어냈으니,
현세의 권세 이전으로 얻어지는 권력을 혐오하여,
오로지 신에게 복종하기를 바라셨다.

Despised and despising, always isolated,
Never one more among them, always insecure;
His pride always feeding upon his own virtues,
Pride drawing sustenance from impartiality,
Pride drawing sustenance from generosity,
Loathing power given by temporal devolution,
Wishing subjection to God alone.

스스로의 덕성에 자존하면서도 늘 불안하고 고독한 베켓은 양면성의 인물로 볼 수 있으나, 이러한 성격은 현세적 의무보다 오로지 신에게만 예속되고자 하는 사람에게 잠재해 있는 내면성이며, 보통사람이나 심지어 성직에 있는 사제조차도 이해하지 못하는 뛰어난 인물이 갖는 '이중적 성격'이라고 할 수 있다. 이것은 아크로이드가 지적한대로 순교에 깊은 관심을 두고 순교자의 성격 파악에 몰두한 엘리엇의 전형적인 성격묘사라고 볼 수 있다.[106)]

엘리엇은 간략하게 베켓의 극적행동을 요약하기를, "그가 고향에 돌아오다, 그는 살해될 것을 예견하면서, 그리고 살해된다"(A man comes home,

---

106) Ibid., pp. 226~227. Ackroyd는 하버드 시절부터 순교의 주제에 깊은 관심을 가졌던 엘리엇이 베켓의 성격묘사에 있어 자신을 반영시켰을 것으로 보고 있다.

foreseeing that he will be killed, and he is killed)[107]라고 했으나 이 짧은 구절에도 강조된 '죽음'에 대한 명상은 심오하다. 극적행동으로서의 베켓의 죽음은 극소화된 반면에, 그의 죽음이 있기까지의 내면적인 갈등과, 죽음 후까지 확산되는 의미는 극 전체의 구조를 통어하고 있다. 육체적 고통이 수반되기 마련인 죽음의 장면을 엘리엇은 간결하게 처리함으로써 관객으로 하여금 베켓의 육신의 고통이 이 극에서 핵심이 되고 있지 않다는 것을 알리고 있다. 살해 장면을 만일 사실주의극의 기법으로 극화했다면 관객은 가시적인 육체의 고통을 역력하게 볼 수 있겠으나, 반면에 고통은 충분히 관객에게 전달되지 못할 것이다. 오로지 신에게의 복종만을 희구하는 베켓의 의지는 극적행동처럼 사실주의 기법으로 표현될 수 없는 형이상학적인 의미이다.

로버트 존스는 '극적 상상력'에 관한 고찰에서, 작가는 세부적인 묘사, 산문적인 성격을 생략하고 다만 정신과 광휘(the spirit and splendor)만을 보여줘야 한다고 말했다.[108] 또한 오늘날의 극형식과 극장은 우리의 새로운 삶의 의식을 표현하는데 적당하지 않다고 지적하고, 앞으로 새로운 영역이 보충되어야 한다는 것이다. 그 뿐만 아니라, 그는 영원한 극의 주제로서 인간과 운명의 갈등이 새로운 의의를 갖게 될 것이라고 내다보았다.[109] 이러한 견해는 1941년에 이미 앞을 내다보고 밝힌 것인데, 엘리엇은 그 이전인 1930년대에 사실주의극 형식을 버리고 '정신적인 것과 광휘적인 것'을 표현하는데 깊은 관심을 갖고 있었던 것이다. 순교라는 주제만큼 정

---

107) Eliot, *Poetry and Drama*, p. 86.
108) Robert Edmond Jones, *The Dramatic Imagination*, Theatre Arts Books, New York, 1941, p. 5.
109) Ibid., p. 19.

신적이며 광휘적인 차원에서 기독교사상을 고양시켜주는 것은 달리 없을 것이다.

엘리엇의 극에서 현대적인 의미를 발견하게 되는 또 다른 면은 주인 공의 성격과 행동을 정통적인 비극론에 의거하여 조명하고 있지 않다는 점이다. 표면상으로 베켓은 보편적 비극의 주인공의 성격에 부합되는 면을 지녔다고도 볼 수 있다. 시대적으로나 정신적으로 지도자 격의 고위직에 있었고, 그의 죽음은 종교적 희생의 숭고한 행동으로 간주되기 때문에 어느 면에서 우리는 이 극에서 충분히 보편적 비극성을 보게 된다. 그러나 아리스토텔레스의 비극론에서 제시된 비극적 주인공의 성격과는 다르다. 비극에 대한 견해는 신고전주의 시대 이후 대개 아리스토텔레스의 『시학』에 의거한 것이었다. 주인공의 운명의 역전은 잘못된 것에서 좋은 결과로 가는 것이 아니라 반대로 '좋은 것이 나쁜 결과'로 전환된다는 것이 아리스토텔레스의 주장이다.[110] 주인공의 결점과 약한 의지가 비극을 초래한다는 비극론은 베켓의 경우 적용되지 않으며, 오히려 그 반대의 경우임을 보게 된다. 베켓은 젊은 시절에 세속적 영화를 가까이했던 잘못이 있었으나, 이를 완전히 이탈하여 성자적 경지에 도달할 수 있는 의지를 보여 주었다. "나쁜 것에서 좋은 것으로"(From bad to good)의 결과인 것이다. 또한 아리스토텔레스의 비극론에서 흔히 인용되는 '연민과 공포'의 감정이 관객의 마음속에 일어나서 "정화작용(Catharsis)을 이르게 한다"[111]는 비극의 효과에 관해서도 『대성당의 시해』는 일치하지 않는다. 비록 코러스를 통해 베켓이 운명에 대한 연민과 공포감이 표현되고 있으나, 주인공의 궁

---

110) Aristotle, *Poetics*, XIII. Translated with an introduction and notes by Gerald F. Else, the University of Michigan Press, 1967, pp. 38~39.
111) Ibid., p. 40.

극적인 승리는 인간의 감정으로 느끼는 공포감을 초월한 것이다.

7년간의 망명생활에서 귀국한 베켓의 신변은 코러스가 우려하고 있는 것처럼 위험에 처해 있었다.

코러스

우리들은 여기에 서 있자. 대성당 가까이에. 여기서 기다리자.
위험에 이끌려서인가? 아니면, 안전하다고 알기 때문인가.
대성당으로 우리의 발길이 끌려온 것은? 어떤 위험이
우리들, 가난한, 캔터베리의 가난한 여인들에게 있단 말인가? 어떤
    고난이
우리들이 아직 모르고 지낸 것일까? 우리에게는
위험이란 없다. 그리고 대성당 안에 안전이란 없는 것.
우리들의 눈이 증거하지 않을 수 없는 어떤 행위의 예감이, 우리
    의 발걸음을
대성당에 끌어들인다. 우리들은 증인이 돼야만 하는 것이다.

CHORUS

Here let us stand, close by the cathedral. Here let us wait.
Are we drawn by danger? Is it the Knowledge of safety, that draws
    our feet
Towards the cathedral? What danger can be
For us, the poor, the poor women of Canterbury? what tribulation
With which we are not already familiar? There is no danger
For us, and there is no safety in the cathedral. Some presage of an act
Which our eyes are compelled to witness, has forced our feet
Towards the cathedral. We are forced to bear witness.

베켓이 캔터베리에 돌아오면 국왕과의 대립이 다시 시작되어 안전할 수 없음을 예감하면서, 코러스의 여인들은 앞으로 일어날 일에 대하여 공포감을 갖고 지켜본다. 엘리엇이 이 극의 원제를 '가는 길의 두려움'(Fear in the way)이라고 붙였듯이, 코러스는 관객과 함께 불안한 마음으로 베켓의 행동을 지켜보는 것이다. 그러나 "우리는 증인이 돼야만 하는 것이다"(We are forced to bear witness)에서 나타나 있는 코러스의 태도는 외부적 상황에 이끌려 가는 수동적 자세이다. 이렇듯 극의 초반에서는 의지 없는 관찰자였으나 그들이 증명하는 베켓의 행동은 이들과는 달리 능동적인 강한 의지를 보이고 있다. 베켓은 제1부에서 이렇게 말한다.

> 나는 칼끝 앞에 서게 되도, 더 이상 행위를 하거나 참거나 하지 않을
>   것이다.
> 이제 나의 선한 천사가, 신이 명하셨기에,
> 나의 수호자로 칼끝 위에서 맴돌고 있다.

> I shall no longer act or suffer, to the sword's end.
> Now my good Angel, whom God appoints
> To be my guardian, hover over the sword's points.

베켓은 어떠한 유혹도 물리치고 신의 뜻에 따르겠다고 결의한다. 베켓의 정신적인 승리를 지켜보게 된 코러스와 관객은 시초에 가졌던 공포감과는 달리 이 극의 말미에서는 고통 가운데서도 환희가 그들의 마음속을 채우게 되는 것이다.

그러한 땅으로부터, 비록 영원히 부정될지라도
영원히 대지를 새롭게 하는 것이 솟아납니다. 그럼으로, 오 신이시여,
우리들은 캔터베리에 그러한 축복을 내리신 당신께 감사하나이다.

From such ground springs that forever renews the earth
Though it is forever denied. Therefore, O God, we thank Thee
Who hast given such blessing to Canterbury.

　　신의 은총에 감사하는 마음으로까지 발전하게 된 것은 코러스의 감정
이 정화된 것으로 볼 수 있겠지만, 아리스토텔레스의 카타르시스처럼 베
켓의 순교는 그 자신에게 있어서 '두려움'(fear)이 아니라 '자발적인 것'
(willingness)이며, 관객에게도 공포는 부차적인 감정에 지나지 않는다.
　　데이빗 워드는 엘리엇이 아리스토텔레스의 이론을 계승하고 있지 않
는 점을 다음과 같이 말한다.

　　어떻게 전통의 옹호자 엘리엇이, 잘 확립된 그 관례를 무시할 수
　　있는지를 묻게 될 것이다. 그 대답은 그 자신이 신아리스토텔레스
　　계열보다 더 기본적인 방법으로 전통을 관찰하고 존중하고 있다고
　　스스로 느꼈기 때문인 것이다.

　　It may be asked how Eliot, the champion of tradition, could
　　ignore such well established conventions. The answer is that
　　he felt that he was observing and respecting the tradition in a
　　much more fundamental way than the neo-Aristotelian,
　　searching for the essence of tragedy in its ritual function and
　　its communal purpose.[112]

워드는 엘리엇이 관심을 둔 전통은 연극의 기원인 제의적 형식이며 그것에는 사회집단의 공동목표와 의식의 기능이 정예적인 요소로 중요시되고 있기 때문이라고 본다. 마틴 에슬린(Martin Esslin)도 관객과의 공감대 형성의 중요성을 역설하여, 연극은 종교의식에서처럼 집단적 경험의 종합 작용(feed-back)에 의존한다고 말한다.113) 『대성당의 시해』를 제의형식으로 보는 견해는 엘리엇이 관객의 공동체험을 중요시하고 있음을 극적경험을 통해 인식하게 되기 때문이다. 관객은 교회 의식을 통해 그리스도의 죽음과 부활의 의미를 재삼 마음속에 되새기게 된다. 데이빗 존스도 이 극의 제의적 요소를 지적하여, 이런 종류의 연극은 그 자체가 예배는 아니라도 '예배의 유형이거나 보충'이라고 한다.114)

이 극의 기본 도식을 캐롤 스미스는 그리스도의 십자가의 수난과 부활을 둘러싼 성경 기사의 도형과 유사한 것으로 본다.115) 순교자와 그리스도는 상호간에 정교한 연극적 유사성이 존재한다는 점은, 스미스 여사의 설명대로 이 둘은 모두 거룩한, 그리고 죄를 짊어진 속죄양으로 묘사되고, 육체적 희생을 감당함으로써 새로운 생명으로 부활되는 사람들이기 때문이다.

이렇게 볼 때 극의 제1부는 그리스도가 황야에서 받은 유혹을 베켓이 유혹자들(Tempters)에게서 받은 유혹과 병치시킬 수 있으며, 제2부는 그리

---

112) David Ward, *T. S. Eliot Between Two Worlds*, Routledge & Kegan Paul, London, 1973, pp. 184~185.
113) Martin Esslin, *An Anatomy of Drama*, Hill and Wang, New York, 1976, p. 27. "collective experiences with the three-cornered reinforcement of feed-back from performer to audience, from audience to audience."
114) David. E. Jones, p. 79.
115) Carol Smith, *T. S. Eliot's Dramatic Theory and Practice*, p. 104.

스도의 수난과 죽음과 부활의 의미가 베켓의 순교에 부합되는 것으로 볼 수 있다.

첫 번째 유혹자가 베켓의 지난날의 세속적 환락을 상기시키고 있는 점은 그리스도에게 돌을 떡으로 만들도록 요구한 마귀의 유혹과 같다. 두 번째 및 세 번째의 유혹자가 베켓에게 대법관의 권력을 되찾게 해준다는 유혹은 마귀가 왕국을 그리스도에게 주겠다는 것과 유사하며, 마지막 네 번째 유혹자가 순교의 영광을 생각하고 있는 베켓의 자만심을 자극하는 장면은 그리스도에게 성전에서 뛰어내려 하느님의 아들 되는 권능을 증명하라고 한 것과 비교될 수 있다. 또한 마태복음에서 그리스도의 시험이 있은 후 산상보훈의 말씀이 있었던 것처럼 베켓도 모든 유혹을 겪은 뒤에 '성탄절 설교'를 한다.

제2부에서 가장 뚜렷한 유사점은 그리스도의 죽음과 베켓의 순교가 모두 세속적 권세를 집요하게 추구하는 자들에 의해 감행되었다는 사실이다. 또한 그리스도의 십자가상의 죽음이나 베켓의 최후 결정이 개인의 의지에서 비롯된 것이 아니라 신의 의도(design)에 의해 인류를 구원하기 위해 이루어진 것이다. 이 극의 마지막 결구 코러스는 마침내 신의 뜻을 알아차린 인류의 각성이다.

> 우리들은 우리의 죄를, 우리의 약함을, 우리의 잘못을; 우리는
>   고백합니다.
> 세상의 죄가 우리의 머리 위에 얹혀 있으며; 순교자들의 피와
>   성자들의 고뇌가
> 우리들 머리 위에 얹혀 있나이다.
> 주님이시여, 우리에게 자비를 베푸소서.

그리스도여, 우리에게 자비를 베푸소서.
은총 입은 토마스여, 우리를 위해 기도해 주소서.

We acknowledge our trespass, our weakness, our fault; we acknowledge
That the sin of the world is upon our heads; that the blood of the
    martyrs and the agony of the saints
Is upon our heads.
Lord, have mercy upon us.
Christ, have mercy upon us.
Blessed Thomas, pray for us.

"주여 우리에게 자비를 주소서"와 "축복 받은 토머스여, 우리를 위하여 기도해 주소서"는 구세주이신 그리스도와 베켓 간의 최종적인 유사성을 강조한 것으로 볼 수 있다.

로널드 피코크(Ronald Peacock)도 이 극의 제의적 요소가 구조와 상연상의 특징에만 있는 것이 아니라 작가가 극의 목적을 집단의 신앙적 유대감 형성에 두고 있다는 사실에 있음을 강조한다.

   ... 시인은 그의 작품을 종교적인 공동체에서 한 성자의 승리를 축하하기 위한 지속적인 권유가 되도록 만들었다. ... 이 극은 또 한 번 공동체가 된다.

   ... the poet has made his work into a continuous invitation to celebrate in religious fellowship the spiritual triumph of a saint. ... the drama becomes again an instrument of community.[116]

---

116) Ronald Peacock, *The Poet in the Theatre*, Routledge and Kegan, London, 1946, p. 4.

집단의 공동책임에 대한 강조는 기사들의 행위와 그들이 변명한 내용에서도 볼 수 있다. 그들은 베켓을 살해한 후 자신들의 행동을 정당화하기 위해 마치 20세기 현장에서 말하는 것처럼 관객을 향해 공동의 죄의식을 종용한다. 즉 국가의 안보를 위해서는 교회의 당연한 승인이 있어야 한다는 것, 자신들은 국민을 대표해서 일했기 때문에 마땅히 칭찬을 받아야 하며, 만일 죄가 성립된다면 이는 국민과 공동의 책임을 져야 한다는 주장이다. 이 부분은 특히 관객과 연대관계를 시사한 것이며, 엘리엇이 현대사회에서의 성자적 삶과 일반인의 삶을 대비시킴으로써 순교의 의미를 전달하고자 한 의도를 엿볼 수 있다.

베켓 살해 후, 기사들의 대사가 산문의 자연주의적 어조로 바뀌고, 코러스의 울부짖음이 있는 장면에 대해, 데이빗 존스는 어떤 정치적 집회와 뮤직홀 연극행위의 중간쯤으로 택한 것은 베켓의 순교가 바로 관객 자신들의 책임이라는 사실을 충격적으로 받아들이게 한 수법이라고 설명한다.[117] 기사들의 대사가 사악하고 우스꽝스런 면이 있는데, 이 두 가지 면의 혼합이 나타내는 극적효과에 대해 마이클 골드만은 엘리엇이 의도적으로 관객의 웃음을 바로 그들 자신을 향하게 한 것이라고 지적한다.[118]

20세기 산문조의 평이한 어조에 의해 고풍스럽고 시적이며 성자적 삶의 중후한 분위기가 무너지고, 관객은 이제까지의 긴장상태에서 해방된다. 바로 이 시점에서 관객은 기사들의 적의에 자신들도 책임이 있음을 알게 된다.

엘리엇은 기사들의 악행을 보다 밀접하게 현대관객의 의식과 연결 지

---

117) David E. Jones, p. 61.
118) Michael Goldman, "Fear in the way; the design of Eliot's Drama," *Eliot in his Time*, ed. by A. Walton Litz, Princeton University Press, 1973, p. 178.

음으로써, 그들 자신이 육체적 멸망에서 구제되는 길은 그리스도적인 '행동과 고통'(action and suffering)으로 신 앞에 완전히 자신들을 포기할 때 가능해짐을 일깨우고 있다. 그와 같은 엘리엇의 사상은 이 극의 막간(interlude)에서 확연하게 표출되고 있다.

그리스도 교도의 순교는 우연이 아닙니다. 왜냐하면 성자들은 우연에 의해 만들어지는 것이 아니기 때문입니다. 더구나 기독교도의 순교란 성자가 되겠다는 인간의 의지의 결과가 아닙니다. 인간의 의욕과 술책에 의해 인간들의 지배자가 되는 것과는 다릅니다. 순교는 항상 하느님의 의도에 의한 것이며, 인간에 대한 하느님의 사랑이며, 그들을 경고하며, 이끌어가며, 하느님의 길에 그들을 돌아오게 하기 위함입니다. 순교는 결코 인간의 의도가 아닙니다. 왜냐하면 진정한 순교자는 하느님의 도구가 된 사람이며, 그 자신을 위해서는 더 이상 아무것도 바라지 않으며, 심지어 순교자가 되는 영광까지도 바라지 않는 사람입니다.

A Christian martyrdom is never an accident, for Saints are not made by accident. Still less is a Christian martyrdom the effect of a man's will to become a Saint, as a man by willing and contriving may become a ruler of men. A martyrdom is always the design of God, for His love of men, to warm them and to lead them, to bring them back to His way. It is never the design of man; for the true martyr is he who has become the instrument of God, who has lost his will in the will of God, and who no longer desires anything for himself, not even the glory of being a martyr.

이 극의 주제를 파악하는데 있어서 중요한 부분의 하나는 베켓이 귀국 제일성으로 합창단의 여인들을 향해 읊은 시구 속에 함축되어 있는 "수난속의 행위"(action in suffering)의 의미에 있다.

너희는 알면서도 모른다. 행위란 무엇이며 수난이란 무엇인지.
너희는 알면서도 모른다. 행위가 수난이며 수난이 행위인 것을.
행위자는 인고하지 않으며, 인고하는 자는 행위하지 않는다.
그러나 둘은 영원한 행위와 영원한 인내에 결합된다.
그것을 위해 모두는 기꺼이 행위에 동의해야 하며,
모두 기꺼이 고난을 받아들여야 한다.
그렇게 함으로써 모형(패턴)도 존속되고, 수레바퀴도 돌고 정지되며
영원히 정지된다.

They know and do not know, what it is to act or suffer.
They know and do not know, that action is suffering
And suffering is action. Neither does the agent suffer
Nor the patient act. But both are fixed
In an eternal action, an eternal patience
To which all must consent that I may be willed
And which all must suffer that they may will it,
That the pattern may subsist, for the pattern is the action
And the sufferings, that the wheel may turn and still
Be forever still.

베켓은 이때 의지의 원천인 행동자로 자처하고, 평범한 여인들은 행동하는 것과 인고하는 것을 모르는 수동적인 인간들로 해석했다. 그러나 네

번째 유혹자가 베켓에게 동일한 인용구의 말을 했을 때 비로소 베켓은 인고하겠다는 의지를 버리지 않는 한 진정한 순교자가 될 수 없음을 깨닫는다.

행동의 제1원칙은 신으로부터 나오는 것임을 명백히 밝히고 있다는 것을 그로버 스미스는 다음과 같이 설명한다.

> 회전하는 수레바퀴에서는 좋은 것이 때로는 나쁜 것이 되고 나쁜 것이 좋게도 되기 때문이다. 오로지 신에 의해서만 이런 일들이 해결되며, 각기 갖고 있는 특수성을 잃지 않으면서 인간의 열망인 완전함에 이르게 된다. 오로지 신의 의지만이 옳고 그른 행위와 고난에 대한 기준이 된다. 신의 의지를 자신의 의지로 바꾸고, 신이 존재하지 않는 수레바퀴 중앙에 선택되는 것은, 베켓으로서는 그 어떤 악들도 그 자신의 책임으로, 그의 선택의 결과로서 일어남을 자초하는 것이 될 것이다. 즉, 그도 기사들의 오만과 살인의 죄를 범하는 것이 된다.

> For on the turning wheel, good as often produces evil as evil produces good; only with God are these resolved, without losing their peculiar character, into the perfection that man aspires to. Only God's will can be the criterion of right or wrong action and suffering. In supplanting God's will with his own, in electing to be he center of the wheel without God, Becket would be inviting, on his own responsibility, whatever evils might ensue from his choice: he would be committing the Knights' sins of pride and murder.[119]

---

119) Grover Smith, *T. S. Eliot's Poetry and Plays*, p. 189.

회전하는 바퀴의 정적에서 신만이 악으로부터 선을 생겨날 수 있게 하는 유일한 동인자(動因者)이기 때문에 순교자의 행동이 자신의 책임 하에 결정되는 것이라면 그 자신이 기사들의 교만한 살인의 죄를 낳게 만든 것이다. 이러한 관점에서 볼 때 제1부에서의 네 번째 유혹자의 말은 베켓의 의지를 교묘하게 시험한 것으로 이 극의 주제를 파악하는데 가장 중요한 부분이다.

> 그 무엇이 성자들의 영광에 비할 수 있겠습니까.
> 하느님의 임재 안에 영원히 머무르는 것에.
> 그 어떤 지상의 영광이, 왕의 것이건 황제의 것이건,
> 그 어떤 지상의 자랑이, 그것이 가난은 아닐지라도.
> 어찌 천국의 장려한 풍요와 비하겠습니까?
> 순교의 길을 찾으십시오, 지상에서는 몸을 가장 낮게 하십시오,
> 천상에서 높이 되기 위해서.

> What can compare with glory of Saints
> Dwelling forever in presence of God?
> What earthly glory, of king or emperor,
> What earthly pride, that is not poverty
> Compared with richness of heavenly grandeur?
> Seek the way of martyrdom, make yourself the lowest
> On earth, to be high in heaven.

유혹자는 지상에 사는 성직자가 순교를 교만과 허영심에서 생각해 볼 수 있다는 것을 추정하고 충동한 것이다. 이것은 베켓이 자신의 중심에 있

는 불순한 동기를 깨닫는 순간이다. 마침내 영광까지도 져버리고 그 자신을 위해서는 아무것도 바라는 것이 없음에 진정한 순교가 이루어진다고 한 막간(Interlude)에서의 베켓의 말은, 자신은 신의의 소재를 증언하는 하나의 매개체에 불과하다는 겸허한 자각을 표현한 것이다.

엘리엇은 일반 대중이나 평신도들이 순교에 대해 가져야 할 올바른 태도를 염두에 두고, 그들에게 새로운 삶의 의미를 제시해 주었다. 평신도들의 인식도 그들의 의지에 의해 이루어진 것이 아니다. 오히려 그들은 어떤 중요한 사건도 그들의 생활 속에서 발생하지 않기를 원했던 중생들이다. 진정한 삶이 무엇인지 조차도 알지 못하고 살아왔음을 코러스는 다음과 같이 대변하고 있다.

> 우리들은 아무 일도 일어나기를 원치 않나이다.
> 7년 동안 우리들은 조용히 살았지요.
> 눈에 띠지 않도록 하여,
> 살아왔고, 반쯤 살아왔지요.
> 압박도 있었고, 쾌락도 있었지요.
> 빈곤도 있었고, 방종도 있었으며,
> 작은 부정도 있었지요.
> 그러나 우리들은 살아왔습니다.
> 살아왔지만 희미하게 살아왔습니다.

> We do not wish anything to happen.
> Seven years we have lived quietly,
> Succeeded in avoiding notice,
> Living and partly living.

There have been oppression and luxury,

There have been poverty and licence,

There has been minor injustice.

Yet we have gone on living,

Living and partly living.

"사는 것 같이 살지도 못했다"(living and partly living)는 것은 스위니가 '생중사'의 삶을 살았던 것과 같은 것이다. 그러나 코러스의 의식은 그들이 현실을 보는 그들의 눈이 제2부의 초두에서 밝혀지면서, 이 세상이 더럽혀져 있음을 깨닫는다.

이 세상의 평화는 항상 불확실합니다. 인간이 하느님의 평화를
　　지키지 않는다면,
인간의 싸움은 이 세상을 더럽히지만, 주님의 죽음으로 그것은
　　새로워집니다.
그리고 세상은 겨울에 정화되어야 하고, 그렇지 않으면 우리는 단지
음산한 봄과 타는 여름, 허탈한 가을이 있을 뿐.

The peace of this world is always uncertain, unless men keep the peace
　of God.

And war among men defiles this world, but death in the Lord renews it,

And the world must be cleaned in the winter, or we shall have only

A sour spring, a parched summer, an empty harvest.

불안한 세상에서 아무 일도 일어나지 않기를 바라나 그들은 닥쳐오는 '안일한 계절의 동요'(disturbance of the quiet seasons)를 예감하고 있다. 그

들의 두려움을 상징하기 위해 제2부에서 사용한 동물의 풍부한 심상들은 특이한 인상을 자아낸다.

냄새가 풍긴다. 죽음의 사자들의 냄새가. 감각들은 미묘한 예감으로
예민해지고; 들리는 것은
밤중의 피리를 부는, 피리소리와 올배미들, 낮에
비늘 돋친 날개로 거슬러 올라가는 것을 보았다, 거대하고
　우스꽝스럽구나.
나는 스푼에서 썩은 고기맛을 보았다. 어둠이 내릴 무렵
대지가 부풀어 오르는 것을 느꼈지. 불안하고 바보스런 기분으로
이상한 소리를 내는 짐승들의 소리들 속에 웃음소리: 승냥이, 수탕
　나귀, 갈가마귀들; 그리고 쥐와 날쥐들이 급히 허둥대는 걸음;
　바보의 웃음소리, 미치광이 새. 나는 보았다.
새벽의 짙은 빛 속에서 회색 모가지가 비틀리고, 쥐 꽁지가 감기는
　것을.

I have smelt them, the death-bringers, senses are quickened
By subtle forebodings; I have heard
Fluting in the night-time, fluting and owls, have seen at noon
Scaly wings slanting over, huge and ridiculous. I have tasted
The savour of putrid flesh in the spoon, I have felt
The heaving of earth at nightfall, restless, absurd. I have heard
Laughter in the noises of beats that make strange noises: jackal, jackass,
　jackdaw; the scurrying noise of mouse and jerboa; the laugh of the
　loon, the lunatic bird. I have seen
Grey necks twisting, rat tails twining, in the thick lights of dawn.

"피리 소리와 올빼미의 울음소리", "비늘진 날개가 거슬러 올라가 난다"와 같은 운동심상이나 시각심상을 통해 코러스 여인들의 불안을 감지할 수 있다. 그러나 그들의 두려움은 드디어 "우리들의 수치로부터 당신을 위해 기도할 수 있도록 우리를 위해 기도해 주소서"라는 기원으로 바뀐다. 두려움이 죄의식으로 바뀐 것은 코러스 여인들이 목도한 무서운 행동이 하나의 변이적인 행동(an aberration)도 기행(an eccentricity)도 아니고, 보편적인 사악과 부패의 표명임을 알았기 때문이라고, 헬렌 가드너는 설명한다.[120] 죄악은 군주들에 의해 꾸며진 것이든 '부엌에서', '외양간이나 장터에서' 저질러진 것이나 모두 동일하다. 코러스는 이러한 사실을 베켓이 예언한 고통스러운 희열(painful joy)로 받아들이게 되고 베켓의 순교가 바로 자신들을 위한 것임을 알게 되는 것이다.

코러스의 의의에 대해 패트리시아 홀로웨이(Patricia Holloway)는 매우 특이한 해석을 하고 있다. 합창단이 전적으로 여성들로 구성되어 있다는 점은 순교의 의미를 생산의 은유(a metaphor of birth)로 볼 수 있다는 견해다.[121] 홀로웨이는 여성에게 있어 출산은 새로운 삶을 탄생시키는 것이기에 출산에 따르는 고통과 인내를 순교자의 과정에 비유시킨다. '인내하는 자'(bear)나 '불모'(barren)라는 단어의 반복, 특히 베켓이 말한 "성취보다는 간격이 더 심해질수록 / 모든 것은 결과를 준비하고 있는 것이다"(Heavier the interval than the consummation / All things prepare the event)의 구절을 출산을 위해 참고 기다리는 과정으로 비유할 수 있다는 것이다. 그러나 이러한 해석은 상황과 이미지의 어조를 통해 고통과 신생을 결부시켜 본 결

---

120) Helen Gardner, *The Art of T. S. Eliot*, p. 137.
121) Patricia Holloway, "T. S. Eliot's Murder in the Cathedral," *The Explicator*, Vol. 43, No. 2 (winter 1985), pp. 35~36.

과에 불과하며, 순교는 현세적 생명의 탄생과는 견줄 수 없는 정신적 차원의 것이다.

이상에서 살펴본 바와 같이 엘리엇은 순교의 의미를 규명하는데 있어서 선택된 성자의 영혼뿐 아니라 일반 신자들의 영혼까지도 포함시켰다. 그리하여 절대자의 실재를 그들과 똑같이 증언할 수 있을 때 성자나 일반인의 삶이 다같이 진정한 의미의 재생을 경험할 수 있다는 결론을 내리고 있다.

엘리엇은 일반인의 구원의 문제를 그의 다음 극작품 『칵테일파티』, 『개인 비서』, 『원로 정치가』에서 더욱 긴밀하게 다루면서 현대인의 구원에 대한 계속적인 관심을 표명한다.

제6장

세속인의 구원

 엘리엇 극은 『가족의 재회』 이후 성자의 주제는 후면으로 물러나고 그 대신 세속적인 삶의 경험이 점차 전면으로 나타난다. 앞에서 살펴본 대로 『가족의 재회』에서 주인공의 구원은 세속적 삶과 고별함으로써 이루어질 수 있었고, 구원의 길도 그의 특이한 경험에 의해 선택될 수 있었다. 또한 극적배경이 현대에 설정되고 있으면서도 마치 신화세계가 갖는 신비스러운 분위기에서 주인공의 각성이 이루어졌다.

 그러나 여기서 살펴볼 세 작품, 『칵테일파티』, 『개인 비서』, 『원로 정치가』에서는 현대인의 평범한 일상적 삶에서 성자와 마찬가지로 구원의 길을 발견할 수 있다는 엘리엇의 '세속인'에 대한 관심이 집중되고 있다. 『칵테일파티』에서는 성자적 길을 택하는 인물이 등장하지만, 이와 대비하여 그대로 현세적 생활을 계속하면서 정신적 각성을 이루는 인물들에게도 구원의 축복이 내려진다.

이 글의 제1부에서는 『칵테일파티』를 중심으로 소수의 선택된 자가 가는 '광명의 길'과 현세에 머물러 사랑의 관계를 회복하는 '세속인의 구원'의 문제를 살펴겠으며, 제2부에서는 『개인 비서』에서 나타난 진실한 자아발견의 과정을, 그리고 제3부에서 공적생활의 허실과 가면적 자아로부터 진실한 사랑의 인간관계를 발견하는 과정을 『원로 정치가』에서 살펴보고자 한다. 이와 같은 세속인의 구원의 과정은 도덕성의 문제, 인간적인 사랑의 존귀함, 행복의 개념 등이 현세적 가치를 초월하여 '신의 사랑'으로 파악되는 기독교적 시각으로 이해될 수 있을 것이다.

1. 구원의 선택
『칵테일파티』(*The Cocktail Party*)

『칵테일파티』는 '코메디'라는 부제가 시사하듯이 영국의 전형적인 거실희극(drawing-room comedy)처럼 보인다. 표면상으로는 중산층 어느 가정의 결혼생활을 중심으로 희극적 사건이 잇달아 일어나지만 그 배후에는 현대인이 당면하고 있는 심각한 고독의 문제가 내포되고 있다.

먼저 에드워드(Edward Chamberlayne) 부부의 애정 없는 결혼생활이 이 극의 복선이다. 집에 손님들을 초대해 놓고 가출해 버릴 정도로 라비니아(Lavinia)의 마음은 남편과 멀어져 있다. 아내의 가출을 숙모 병문안으로 변명하는 에드워드는 파국 직전에 놓인 그들의 결혼을 은폐하려 하지만 그러한 자존심의 허상을 꿰뚫어보는 인물이 헨리 경(Sir Henry Harcourt-Reilly)이다. 그는 에드워드 부부나 실리아(Celia Copleston)에게 정신적 구원의 길을 제시하는 중심인물이지만 1막에서 '미지의 객'으로 등장하여 행동의 신비성을 더해 주고 있다.

그가 2막에 가서 정신과의사라는 것이 판명되지만 그는 특이한 투시력을 갖춘 정체불명의 인물로서 파티에 참석한 평범한 인물들과 대면한다. 그가 어떤 구원책을 그들에게 제시할 것인가를 범인(凡人)들은 짐작하지 못한다. 노련하고 수다스런 줄리아(Julia Shuttlethwaite)도, 젊은 영화작가 피터(Peter Quilpe)도 그가 누구인지 알아내지 못한다. 이 극의 전반부에서 시작되고 있는 것은 단순한 일상적인 일에서조차 우리가 알고 있는 지식이나 정보의 부정확성의 문제다. 무의미한 말의 습관적 반복, 허식적인 대화에서 우리는 현대인의 생활의 허구성을 보게 된다. 라비니아가 햄프셔에 가 있다는 것에 대한 에드워드와 줄리아 사이의 대화에서 그 예를 찾을 수 있다.

줄리아	나도 그 쪽의 하나니까.
	난 그 햄프셔의 아주머니에 대해서
	마치 모든 걸 아는 것 같은 느낌이 들어요.
에드워드	햄프셔라고?
줄리아	햄프셔라고 말하지 않았나?
에드워드	아뇨, 난 그렇게 말하지 않았는데요.
줄리아	햄프스테드라고 말했어요?
에드워드	아뇨, 난 햄프스테드라도 말하지 않았어요
줄리아	그러나 틀림없이 어디엔가 살고 있겠지.
에드워드	에섹스에 살고 있답니다.
줄리아	콜체스터 근처 어디인가? 라비니아는 굴을 좋아하니까
에드워드	아닙니다. 에섹스 깊이 '안쪽'이죠.

JULIA	I'm one myself. I feel as if I knew
	All about that aunt in Hampshire.
EDWARD	Hampshire?
JULIA	Didn't you say Hampshire?
EDWARD	No, I didn't say Hampshire.
JULIA	Did you say Hampstead?
EDWARD	No, I didn't say Hampstead.
JULIA	But she must live somewhere.
EDWARD	She lives in Essex.
JULIA	Anywhere near Colchester? Lavinia loves oysters.
EDWARD	No. In the *depths* of Essex.[122]

햄프셔라는 지명이 중요한 것이 아니라 라비니아의 부재 이유를 알고 싶은 것이 줄리아의 진의이다. 탐색의 의도를 교묘히 조종하고 있는 줄리아 못지않게 에드워드 자신도 진실이 폭로될 것을 두려워하여 진지한 대화를 회피한다.

제1막에서 제시된 문제는 인간관계의 단절, 또는 필립 헤딩스가 지적한 대로 각 인물들이 자신들이나 상대방을 착각(illusion)하고 있다는데서 제기된다.[123] 그들의 성격은 대체로 위장되었거나 인간적인 면을 띠고 있다. 그래서 그들 내면에 존재하는 가치 있고 진실한 자아를 끌어내기 위해서는 자신들이 환상에서 깨어나야 한다. 그러나 그것은 좀처럼 쉬운 일이 아니다. 에드워드에게 있어서 아내의 가출을 밝힌다는 것은 자존심을 손

---

122) 본 장의 『칵테일파티』는 T. S. Eliot, *The Cocktail party*, Faber and Faber, London, 1979에서 인용함.

123) Philip R. Headings, *T. S. Eliot*, College and University Press, New Haven, 1964, p. 145.

상하는 일이다. 모든 객들이 돌아가고 '미지의 객'과 단둘이 대좌했을 때 비로소 에드워드는 진실을 밝힌다. 그에게 고백하는 이유를 에드워드는 다음과 같이 설명하고 있다.

> 이런 대화를 제가 시작한 것을 압니다.
> 그렇지만 전 당신이 누구신지 모릅니다. 전 이런 것을 기대한 것이
>   아닌데요.
> 전 단지 내가 숨겨온 것을 누군가엔가 말해서 제 마음이 풀려졌으면
>   했죠.
> 전 당신이 누구신지 알고 싶지는 않는데요.

> I know that I invited this conversation;
> But I don't know who you are. This is not what I expected.
> I only wanted to relieve my mind
> By telling someone what I'd concealing,
> I don't think I want to know who you are;

단지 누군가에게 미지의 문을 열지 않을 수 없다는 것이 인간의 본성이다. 에드워드의 내면의 모습을 보았을 때 비로소 '미지의 객'도 선의의 후견인(guardian)의 역할을 하게 된다.

낯선 손님
> 나는 당신이나 당신 부인에 대해서 잘 알고 있습니다.
> 그리고 당신이 원했던 것은 낯선 사람에게
> 사사로운 일을 털어놓아 얻는 즐거움이겠죠.
> 그러니, 나를 그대로 낯선 사람으로 놔두시죠.

UNIDENTIFIED GUEST

I know you are as well as I know your wife;
And I know that you wanted was the luxury
Of an intimate disclosure to a stranger.
Let me, therefore, remain the stranger.

　'낯선 사람'(stranger)과 '가까운 사람'(intimate)의 비유는 극의 구조와 밀접한 연관이 있다. '미지의 객'은 가까운 인간관계에서 진정한 의사소통이 이루어지지 않는다는 인간심리를 포착하고 있을 만큼 예지의 인물이다. 사실 가장 가까운 사이의 부부가 마치 '낯선 사람들'처럼 살아왔고, 그들은 다시 '가깝게' 결속시키는 역할을 바로 '미지의 객'이 담당한다는데 희극적 아이러니가 내포되어 있다.

　에드워드를 중심으로 이 극의 주제를 밝히면 사랑 없는 인간관계에서 사랑의 재발견이라고 할 수 있다. '미지의 객'인 헨리는 정신과의사답게 에드워드의 문제를 인격의 상실(a loss of personality)로 분석한다. 그는 인간관계에서 연대감이 형성되지 않으면 하나의 대상물(the status of an object)로서의 물체에 불과하다고 에드워드에게 설득한다. 에드워드는 아내와의 결혼생활에서 아무런 애정을 느끼지 못하며 다른 여성 실리아를 사랑했고, 라비니아 역시 다른 남성 피터를 사랑했었다. 두 사람은 결혼생활에서 각기 '오브제'에 불과했다. 실리아를 사랑하면서도 라비니아와의 결혼생활을 청산할 의사가 없는 것은 길들여진 생활에 변화를 주고 싶지 않았기 때문이다. 이제 그러한 생활형태가 아내의 가출로 깨어졌을 때, 그 원인조차 헤아릴 수 없을 만큼 그의 주체는 마비되고 있었던 것이다.

　엘리엇은 라일리(Reilly)의 입을 빌려 주체성을 잃고 대상화된 인간상태를 <프루프록의 연가>(The Love Song of J. Alfred Prufrock)의 '수술대 위의 마취된 환자'의 이미지로 비유한다.

당신은 하나의 물체가 되어
위험한 계단에 좌우되고 있었던 경험이 있을 겁니다.
또는, 의사와 외과의사와 상담하면서
외과수술을 받을 때나,
요양원에서 잠들 때
수간호사와 이야기를 나눌 때, 당신은 여전히 실험대상일 수밖에
    없습니다,
실체의 핵심이죠. 그렇지만 테이블 위에 눕혀지면
당신을 둘러싼 사람들에게는 당신은 수리점 안의 하나의 가구이며,
그들은 가면을 쓴 배우들이고;
거기 있는 모든 것은 당신의 육체 뿐
그리고 '당신'이란 자체는 물러나 있는 거죠. 잔을 채울까요?

You have the experience of being an object.
At the mercy of a malevolent staircase,
Or, take a surgical operation.
In consultation with doctor and surgeon,
In going to bed in the nursing home,
In talking to the matron, you are still the subject.
The center of reality, But stretched on the table.
You are a piece of furniture in a repair shop.
For those who surround you, the masked actors;
All there is you is your body
And the 'you' is withdrawn. May I replenish?

그것은 진실한 자아를 상실하고 마치 망가진 가구나 환자의 신체가 되어 있는 상태다. 그런 모습이 어떤 것인지조차 모르는 사람은 인간이라고 불릴 가치도 없다. 이것은 결국 사랑의 결핍 때문이라는 것을 라일리는 지적한다. 라일리는 극중 인물 중 가장 지혜롭고 신통력(divine foreknowledge)을 지닌 사람이지만, 사실주의 극에서의 재판관(magistrate)의 역할과는 다르다.[124] 그는 에드워드 부부나 실리아를 자신의 의견에 복종하도록 강요하거나 그들의 앞날을 변화시키는데 독재권을 발휘하지도 않는다. 그러나 극적전개는 그의 영향에 따라 진행된다. 극의 플롯이 라일리의 움직임을 따르고, 기타 인물들의 행동이 그에 대한 반응으로 나타나고 있는 점을 스미스는 '신과 인간과의 관계'로 비유한다.[125]

라일리는 영적으로 죽은 사람을 신생으로 인도하는 신비적인 일을 한다. 그가 1막에서 '미지의 객'으로 일관하고 있는데서 그의 존재는 신비에 쌓여 있다. 그가 에드워드에게 자기가 참모습이 어떤 것인지를 찾아내지 않는다면 '쓸모없이 반응을 반복하는 기계'(a set of obsolete response)에 지나지 않음을 일깨워주자, 에드워드는 비로소 자신과 아내에 대하여 얼마만큼 알고 살았는가에 대해 자문한다. 만일 경찰에게 아내의 수색을 의뢰한다면 그녀가 무슨 옷을 입었는지조차 말해 주지 못할 것이라는 사실에 스스로 놀란다.

> 아내를 '꼭' 데려와야겠어요. 우리가 결혼한 지난 5년 동안
> 무슨 일이 있었는지 알아봐야죠.

---

124) Grover Smith, *T. S. Eliot's Poetry and Plays*, p. 217.
125) Ibid., p. 217. Smith는 'God and man'의 관계를 이 작품의 'underpattern'으로 보고 있다.

아내가 어떤 사람인지, 내가 누구인지 알아야겠습니다.
그리고 내가 그대로 어둠 속에 길을 잃고 남겨진다면
선생님의 모든 분석이 무슨 소용이 있는지요?

And I *must* get her back, to find out what has happened
During the five years that we've been married.
I must find out who she is, to find out who I am.
And what is the use of all your analysis
If I am to remain always lost in the dark?

아내를 다시 찾겠다는 결심을 자아발견의 시발점이라고 할 수 있다. 그는 아내를 사랑하지 않았을 뿐 아니라 실리아에게 향했던 정열도 이제는 감당할 수 없는 무기력한 것임을 자각한다. 자기중심적인 삶의 타성으로 그는 고립의 성을 스스로 쌓아 놓은 것이다.

이러한 무의지의 삶을 회의하고 에드워드에게 실망을 느낀 사람은 실리아이다. 그녀는 사랑에 있어서 진지한 정신적 유대감을 희구했다. 그녀의 관점에서 볼 때, 에드워드와 같은 목적 없는 삶은 사랑에 대한 순수성도 희박하다고 생각되는 것이다. 그와 같은 안일함에 동조할 수 없는 것은 정신적 가치에 대한 실리아의 남다른 열정 때문인 것이다. 그녀가 아프리카의 킨칸자(Kinkanja) 섬으로 전도하는 간호사가 되어 떠나는 '광명의 길'을 택하게 되는 동기는 에드워드의 무기력한 모습을 확인한 데서 기인하지만, 그녀 내부에 잠재해 있던 이상에 대한 열망 때문이라고 볼 수 있다.

한편 자아의 발견을 제자리에서 시도하고 있는 에드워드는 실리아에 비해 세속적인 인물이다. 라일리의 주선으로 라비니아는 돌아오지만, 그들은 곧 잘못을 상대방에게 돌리고 서로 굴욕감을 주기에 바쁘다. 엘리엇은 평범한 현대인의 정신적 각성이 성자형의 인간의 결단에 비해 얼마나 지연되는 것인가를 에드워드 부부의 모습에서 보여준다. 그들은 상대방에게 많은 불평을 늘어놓지만, 정작 불평의 원인에 대해서는 의논하지 않고 있다. 마치 망령처럼 돌아온 라비니아가 또 다시 에드워드를 괴롭히고 자신도 괴롭힘을 당하는 장면은, 마이클 골드먼이 지적한대로, 인간이 천사의 보살핌에도 불구하고 끊임없이 싸움을 지속하는 인간의 숙명적인 삶의 단면을 보여준다.126)

이러한 평범한 삶의 덫(lot)을 벗어나는 인물은 실리아이다. 그녀는 에드워드에게 환멸을 느끼자 고독감과 죄의식에서 정신적 고통을 경험한다. 그녀의 고통은 재생을 가능케 하는 정신적 수련이다. 내면의 갈등을 경험하지 않는 보통 사람들은 인간의 고독이 무엇인지조차 헤아리지 못하는 것이다.

이 극의 주제를 사랑을 바탕으로 한 삶의 재생으로 볼 때, 인간의 고독에 대한 문제는 사랑과 함수관계를 이룬다. 진정한 사랑을 나누지 못하는 삶은 모두 고독하고 무의미한 인생에 지나지 않는다. 이 극의 주인공들은 각기 고독으로부터 탈출을 시도한다. 에드워드 부부처럼 인간관계를 재조정하여 살아가야 하고, 또는 실리아처럼 일체의 자기중심적 삶을 포기하여 신앙 속에서 희생적인 일에 종사함으로써 고독감을 물리칠 수 있다. 1막에서의 라비니아의 귀가는 문제의 해결이 아니라 시작이다. 고독한 인물들이 어떤 노력을 하지 않으면 고독한 영혼은 영원히 구원될 수 없다는 전제가 놓여 있는 것이다.

---

126) Michael Goldman, "Fear in the way; The Design of Eliot's Drama," *Eliot in His Time*, ed. by A Walton Litz, Princeton University Press, 1973, p. 160.

라비니아의 가출도 고독감 때문이었다. 그녀 역시 사랑 없는 결혼생활의 공허감을 남편 아닌 피터를 사랑함으로써 매울 수 있다고 생각했었다. 그러나 피터가 자기 아닌 실리아를 사랑하고 있다는 것을 알았을 때, 그녀는 결국 아무에게도 사랑 받지 못하고 있다는 사실에 충격을 받은 것이다. 엘리엇은 이러한 현대인의 고독한 상태를 3막의 말미에서 에드워드를 통해 묘사한다.

문이 있었지
그런데 난 그 문을 열 수가 없었어. 손잡이를 만질 수가 없었지,
어째서 나는 내 감옥에서 걸어 나오지 못했을까?
지옥이 무엇인지? 지옥이란 내 자신.
지옥은 혼자인 것, 그 안의 다른 형상들은
단지 투영된 것들, 그곳에서 아무것도 빠져나올 수 없으며
또한 빠져나와 갈 곳도 없다. 우리는 항상 혼자일 뿐이지.

There was a door
And I could not open it. I could not touch the handel.
Why could I not walk out my prison?
What is hell? Hell is oneself,
Hell is alone, the other figures in it
Merely projections. There is nothing to escape from
And nothing to escape to. One is always alone.

스스로 감옥과도 같은 방안에 은거하여, 지옥에서처럼 고독한 영혼이 구원받지 못하고 있는 상황이다. 고독의 의미는 <게론티온>(Gerontion)과

도 유사하며, 'Hell'에 대한 엘리엇의 개념은 사르트르의 『닫힌 방』(*Huis Clos*)에서의 "Hell is other people"이라는 구절과 대조적임을 로버트 스페이트(Robert Speaight)는 지적하고 있다.127)

스페이트의 견해와는 달리, 버나드 딕(Bernard F. Dick)은 사르트르의 주인공이 말한 '지옥의 의미'도 실은 엘리엇이 시사한 'Hell is oneself'의 뜻을 함축한다고 주장한다.128) 실리아가 '자기중심의 존재'(being-for-itself)에서 '타인을 위한 존재'(being-for-others)로 변화하는 것은 기독교적 희생 정신의 구현이며, 실존주의적인 행동(existential act of commitment)에서의 초인간화(the transhuman) 과정과 유사한 것이다. 그것은 하나의 대상물에서 객체로, 추구하는 자아로부터 복종하는 자아로의 변화다. 사실 가치 있는 행동으로 인간의 본질을 발견하는 일은 기독교적 관점에서나 실존주의적 개념에서도 중요한 의의를 갖는다. 라일리가 에드워드 부부에게 과거를 포기하는 일은 경고하면서, "다만 수용에 의해서만 / 과거에 대해 당신은 그 의미를 수정할 수 있다"(Only by acceptance / of the past will you alter its meaning)고 말함으로써 과거의 삶의 가치 역시 소중함을 알려준다. 실존주의 주인공들이 인간이 그릇된 신념에 사로잡혀 있기 이전에 어떤 다른 가치들이 존재했다고 믿는 것과 같다. 엘리엇은 사르트르가 묘사한 지

---

127) Speaight의 견해는 1949년 9월 3일자 *Tablet*에 실린 것임. E. Martin Browne. *The Making of T. S. Eliot's Play*, p. 237 참조.

128) Bernard F. Dick, "Sartre and The Cocktail Party," *Yeats Eliot's Review*, Vol. V, No. 1, 1978, pp. 25~26. Sartre의 *Huis Clos*의 주인공 Garcin은 에드워드와 마찬가지로 그릇된 신념으로 무의미한 삶을 산다. "Hell is other people"이라고 Garcin은 말하고 있으나 그는 마치 에드워드가 자기 아내가 어떻게 생겼는지조차 모르고 산 것처럼 'the other'에 대한 경험이 없는 인물이다. "The inability to know the other is hell-hell on earth for Edward, Hell in eternity for Garcin."

옥에 갇힌 것과 같은 인간을 지옥으로부터 탈출시켜 구원의 길을 제시함으로써 사르트르에게 해답을 주었다고 볼 수 있다.

엘리엇은 지옥은 타인을 이해하지 못하는 자신의 내부에 자리하고 있다는 사실을 에드워드의 경우를 통해 우리에게 인지시킨다. 제1막에서 에드워드는 아내의 귀가에서 더욱 심한 고독을 자각하게 되고, 라비니아가 마치 자신의 내면의 고통을 있게 한 동인으로 착각한다. 그는 아내를 악귀(python)라고 부르며, 사랑이 아니라 파괴의 천사(angel of destruction)로 본다.

> 파괴의 천사-내가 생각했던 대로
> 한 순간, 당신의 손이 닿기만 하면, 단지 파괴 뿐 아무것도 없지.
> 오 하느님, 내가 무엇을 해왔습니까? 파이톤이죠 옥토퍼스이고,
> 결국 나는 당신이 만드는 대로 돼야 하는 것인지?

> The angel of destruction—just as I felt sure.
> In a moment, at your touch, there is nothing but ruin.
> O God, what have I done? The python. The octopus.
> Must I become after all what would make me?

절망적인 에드워드가 2막에 가서 절실한 해결책을 강구하기 위해 정신과의사를 찾는 것이다, 라비니아가 에드워드를 정신질환자로 간주하고 치료를 적극 주선하러 나선 것은, 두 사람이 공통적으로 각기 '자아의 병'은 의식하지 않는 모순된 행동이다. 그들이 찾아간 의사가 다름 아닌 '미지의 객'이었고, 라일리는 이때부터 베일을 벗고 본격적으로 이들의 '지옥의 병'을 치유하게 된다.

엘로이즈 헤이(Eloise Knapp Hay)는 2막의 탁월한 극적 전개는 1막과 2막 사이에 쳐 있던 어두운 비전을 걷고 치유의 길을 따르지 않을 수 없는 타당성이 훌륭하게 성립된 것이라고 평한다.[129] 2막에서 에드워드, 라비니아, 그리고 실리아의 문제점이 충분히 토론되고, 라비니아와 피터와의 관계, 에드워드와 실리아와의 관계가 폭로됨으로써 이들이 모두 진정한 사랑의 관계가 이루어져 있지 않은 고독한 존재였음이 밝혀진다. 그동안 극의 핵심과 무관하게 보였던 알렉스와 줄리아의 존재도 고독한 이들을 위해 라일리를 돕고 있는 '보조천사'와도 같은 역할을 한 것이다. 인간 고독의 문제, 정신적 불모의 상황은 『황무지』 이후 엘리엇의 일관된 주제였다. 에드워드는 주체성이 결여된 현대인의 모습이며, 스페이트의 표현대로 프루프록의 성장된 모습인 것이다.[130]

라일리는 에드워드 부부의 증상을 공통의 문제점으로 지적한다.

당신들에게는 얼마나 많은 공통점이 있는지, 똑같이 소외라는 점에서.
남자는 사랑이 불가능한 자신을 알게 되고,
여자도 아무도 자신을 사랑할 수 없음을 알게 되는 것이죠.

How much you have in common. The same isolation.
A man who finds himself incapable of loving
And a woman who finds that no man can love her.

아무에게도 사랑받지 못하고 고립되어 있다는 사실을 확인하는 데서

---

129) Eloise Knapp Hay, *T. S. Eliot's Negative Way*, Harvard University Press, 1982, pp. 130~131.
130) E. Martin Browne, p. 237.

정신적 치유는 가능해진다. 라일리는 환자의 행복을 염려하는 신부와 같은 역할을 하며, 신의 사랑을 전달하는 천사의 임무를 다하고 있다.

라일리는 에드워드 부부와 같은 평범한 삶 속에서 사랑을 발견하는 길을 제시한 것뿐만 아니라 신과 보다 가까운 성자적 삶의 길도 보통 사람에게 가능하다는 것을 명백히 한다. 실리아는 평범한 일상의 생활로 다시 복귀하는 것을 거부하는 인물이다. 그녀는 자신의 사랑의 대상은 신이라는 사실을 확인한다. 3막에서 실리아가 킨칸자에서 그곳 원주민들을 위해 의료봉사를 하다가 순교했다는 사실이 알렉스에 의해 전해질 때, 에드워드 부부는 실리아가 선택한 길에 대해 새로운 통찰을 얻는다. 각자의 길을 축복했던 라일리는 칵테일파티에 다시 참석한 인물들에게 실리아의 죽음이 그들의 삶에 대해 정신적 각성을 주는 촉매 역할을 다할 것임을 인식시킨다. 그리하여 피터 또한 앞으로 실리아가 택한 봉사의 길을 갈 지 모른다는 암시로 극이 끝난다.

엘리엇은 실리아가 택한 '광명의 길'만이 가치 있는 것이라고 하지 않는다. 라일리의 말대로 어느 길을 택하느냐는 인간 상황에 따라 다를 수 있다. 평범한 일상생활에서 자신의 능력을 넘는 기대감을 갖지 않고 서로 이해하며 사는 길도 불행은 아닌 것이다. 그와 같은 삶이 최선의 길인가를 의문하는 실리아에게 라일리는 다음과 같이 대답하고 있다.

그것이 좋은 삶이죠. 비록 얼마나 좋은가는 끝에 갈 때까지
알지 못한다는 것이지만, 그렇지만 달리 아무것도 바라지 않을 겁니다.
다른 삶이란 당신이 한번 읽은 책 같은 것이죠.
읽고는 잃어 버렸던, 광기의 세상에서는
폭력, 어리석음, 탐욕 … 이런 것이 좋은 삶이겠죠.

It is good life. Though you will not know how good

Till you come to the end. But you will want nothing else,

And the other life will be only like a book

And have read once, and lost. In a world of lunacy,

Violence, stupidity, greed ... it is a good life.

그는 광기와 탐욕과 인간의 어리석음이 있는 이 세상에서는 평범한 사람들의 온화한 삶도 가치 있는 것이라고 설득한다. 그러나 실리아에게 는 인간적인 제한성에 구속되어 비전 없는 삶을 산다는 것은 이상에 대한 배신으로 간주된다. 그것은 정직한 삶이 아니라고 생각하기 때문이다.

그러나 이런 것은 일종의 굴복이라 생각하는데요—

아니, 굴복이 아니라—보다 배반에 가까운 것이죠.

그런데요. 난 뭔가 확실하게 비전을 갖고 있었다고 생각하는데요.

그게 무엇인지는 나도 모르지만요. 잊어버리고 싶지 않아요.

난 그것과 함께 살아가고 싶어요. 다른 것은 아무것도 없어도

　　살 수 있습니다.

무엇이든 제시해 보세요. 내가 소중히 여길 수 있는 것인지를.

사실이지, 이제 와서 누군가와 함께 살려고 한다는 것은

나로서는 정말 정직하지 못한 일이라고 생각해요.

나는 누구에게도 그런 생활에 따르는 사랑을—줄 수 있다면

　　좋겠지만—

줄 수가 없습니다.

But I feel it would be a kind of surrender—

No, not a surrender—more like a betrayal.

You see, I think I really had a vision of something
Though I don't know what it is. I don't want o forget it.
I want to live with it. I could do without everything,
Put up with anything, if I might cherish it.
In fact, I think it would really be dishonest
For me, now to make a life with anybody!
I couldn't give anyone the kind of love—
I wish I could—which belongs to that life.

이 세상에서 진실한 사랑을 누구와도 나누지 못한다는 것은 죄짓는 일과 같다. 그러나 그녀의 죄의식은 에드워드와의 불륜의 관계에 대한 양심의 가책과는 다르다.

내가 일찍이 어떤 일을 했다던가,
그것에서 벗어날 수도 있었다던가, 아니면 내 안에 있는
그 무엇인가를 제거할 수 있을 것이라는, 그런 감정은 아니네요.
말하자면 공허감, 누군가를 향해서 또는 그 어떤 것에 대한 실패,
　　내 자신 밖의 일
그래서 내가 해야 된다고 느끼는 것은 … 속죄—그런 말이 될까요?

It's not the feeling of anything I've ever done,
Which I might get away from, or of anything in me
I could get rid of—but of emptiness, of failure
Towards someone, or something, outside of myself;
And I feel I must … *atone*—is that the word?

엘리엇은 인간의 고독감, 공허감, 좌절감들의 심리상태의 배후에는 죄와 속죄라는 종교적 의식이 잠재해 있다는 것을 말하고 있다. 실리아의 심리상태는 '죄의 보상'(atone)을 인식시켜 주는 무엇이 있다는 것을 막연히 느끼고 고민하는 것이다. 라일리는 죄의 보상이 삶의 가치임을 자각하고 있는 것을 간파하였고, 이 세상에는 그러한 길이 열려 있음을 알려 준다.

두 번째 것은 알려져 있지 않습니다. 그래서 신앙이 필요하지요 –
절망으로부터 나오는 신앙 같은 것이죠.
목적지가 어딘지는 설명할 수가 없습니다;
그곳에 도착할 때까지는 알 수 있는 것이 별로 없어요;
그저 눈감고 맹목적으로 가는 것이죠. 그러나 그 길로 나아가면
당신이 지금까지 그릇된 곳에서 찾았던 그것을 획득하게 됩니다.

The second is unknown, and so requires faith –
The kind of faith that issues despair.
The destination cannot be described;
You will know very little until you get there;
You will journey blind. But the way leads towards possession
Of what you have sought for in the wrong place.

라일리가 제시한 제2의 길을 택한 것은 실리아의 돌연한 변신은 아니다. 그녀가 겪은 내부적 갈등과 고통으로 보아 당연한 귀결인 것이다. 엘리엇은 극중 인물의 행동을 관객이 납득할 만한 방향으로 타당성 있게 처리했음을 밝힌다.

그리고 마지막으로, 나는 극중에서 때때로 무엇인가 일어나야 한다는 것을 마음에 새겨두기로 했다. 관객으로 하여금 무언가 일어날 것이라는 끊임없는 기대를 갖게 해야 한다. 그리고 일단 일어날 때는, 그것이 달라야 하고, 그렇다고 많이 다른 것은 아니며, 관객들이 예상할 만한 것과는 달라야 한다.

And finally, I tried to keep in mind that in a play, from time to time, something should happen; that the audience should be kept in the constant expectation that something is going to happen; and that, when it does happen, it should be different, but not too different, from what the audience had been led to expect.[131]

또한 실리아는 남달리 인간의 근본적인 고독에 대하여 깊은 사색을 했었고, 그녀의 성장과도 일반인과 다른 가치기준을 바탕으로 이루어졌음을 알 수 있다.

항상 죄 같은 건 믿지 말라고 배워왔지요.
아니, 그런 말을 언제 들은 것은 아니고요!
하지만 무언가 잘못되면, 우리 생각으로서,
좋지 않은 형식이거나 심리적인 것이었죠.
그리고 좋지 않은 형식은 항상 불행으로 이어지는데
그건 사람들이 그것을 용납하지 않는다는 것을 알고 있기 때문이죠.
나 자신으로 말하면, 형식 같은 것은 별로 신경 쓰지 않아요.

---

131) Eliot, "Poetry and Drama," *On Poetry and Poets*, The Noonday Press, 1961, pp. 91~92.

I had always been taught to disbelieve in sin.
Oh, I don't mean that it was ever mentioned!
But anything wrong, from out point of view,
Was either bad form, or was psychological
And bad form always led to disaster
Because the people one knew disapproved of it.
I don't worry much about form, myself—

일반적으로 '좋지 않은 형식'(bad form)이라고 규정된 것들은 대부분 심리적인 기준이며, 사람들이 '나쁜 일'을 용납하지 않으면 불행으로 갈 수 밖에 없는 것이 보통이다. 그러나 그것들은 정립될 수 있는 문제이기에 실리아로서는 관심 둘 필요가 없었다. 에드워드와의 관계에서 고독을 면할 수 있을 것이라고 생각했던 것이 그녀의 잘못이었으며, 또한 다른 어떤 사람과도 결합될 수 없다는 철저한 고독감이 죄책감을 몰고 왔다. 브래드브룩은 실리아가 에드워드와의 과거를 회상하는 장면을 비롯하여, 과거를 조명해 주는 '회상기법'(a technique of retrospective)은 전체적인 구조 속에서 무의미했던 말들이 새로운 의미를 나타내면서 극미에서 다시 읽어질 수 있는 유기성을 지닌다고 고찰한다.[132] 엘리엇은 과거를 단절시킨 '자아의 신생(新生)'만이 아니라, 과거의 모습을 감상 아닌 이지적 인식으로 재음미시키고 있다.

존 피터는 죄의식에 대한 도덕성이 어떤 사회통념에 따라 언급되지 않고 등장인물의 관념으로 제시된 점을 엘리엇 극작품의 특징이라고 논평

---

132) M. C. Bradbook, "T. S. Eliot," *British Writers*, ed. by Ian Scott-Kilvert, Charles Scribner's Son's, p. 161.

한다.[133) 『칵테일파티』의 인물들은 아무도 근본적으로 나쁜 점을 갖고 있거나 저속한 성정을 보이지 않는다. 그들은 본래 성실하고 보수적인 지극히 평범한 인물들이다. 흔히 엘리자베스(Elizabethan)와 제임스(Jacobean) 시대 극작품에서는 악인역은 전적으로 부정적으로 다루어짐으로써 선은 상대적으로 절대적 선으로 부각된다. 이러한 선악역의 구별은 도덕적 유형에 대한 명료한 지침이 된다. 그러나 엘리엇의 경우는 미덕을 그러한 전통적 표현방법에 의거하지 않고, 주인공이 그것을 추구해 가는 과정에서 윤곽이 선명하게 그려지며, 따라서 관객의 감동도 보다 여유 있게 수용된다. 실리아는 어떤 규범에 구속됨 없이 스스로 좌절감에서 진실을 알게 되는 발전적 성격의 극중 인물이다. 에드워드 부부 역시 서로를 위하는 마음이 새롭게 우러나서, "당신이야말로 피곤하겠어요"(It's you who should be tired)라든가, "지금 좀 누워 있어요, 라비나"(you lie down now, Lavinia)라는 여유 있는 시각으로 상대방을 보게 된다. 이러한 마음의 여유는 신이 인간에게 내린 자비를 받아들인 데서 이루어진다.

엘리엇은 인간의 정신적 추구가 인물들 간의 갈등을 해소시켜 주는 궁극적인 '힘'이라는 것을 밝혀 준다. 에드워드 부부의 불행의 병도 잘못 만난 상대자 때문이 아니라 바로 자신들의 결함 때문이었고, 자신들이 만들어낸 소외의식에 자승자박되어 있었던 것이다. 마이클 골드먼은 라일리가 그들을 치료하는 장면을 주의 깊게 분석하면서, 이 극에서 그들의 병은 하나의 상징에 불과하다고 말한다.[134) 보통 정신과의사의 진료실에는 환자가 누워서 진찰받는 긴 의자(couch)가 있는데, 라일리 자신은 때때로 여

---

133) John Peter, "Sin and Soda," *T. S. Eliot: Plays*, ed. by Arnold P. Hinchliffe, Macmillan Publishers, 1985, p. 152.
134) Michael Goldman, p. 170.

기에 늙기도 하면서도 정작 환자인 에드워드 부부는 인터뷰 동안 그 의자를 비워둔 채 대화를 나눈다는 것을 우리는 주목할 필요가 있다. 골드먼이 지적한 대로, 그들의 결혼생활의 문제들은 보통의 심리분석학적 견지로 다루어질 성질의 것이 아니라 정신적 결함, 즉 정신적 가치 추구 결핍증으로 간주되어야 한다.

여기에서 그들의 정신적 자각의 눈을 뜨게 하는 궁극적인 존재는 누구인가 라는 것을 밝혀 볼 필요가 있다. 라일리의 투시력은 마력을 갖고 있다. 그러나 『가족의 재회』의 '퓨리스'의 역할과는 다르다. 에우메니데스는 실제의 유령과 같은 임무를 띠고 해리의 과거를 일깨우고 있지만, 라일리는 보다 직접적이며 현실적인 방법으로 의사와 환자간의 접촉을 수행한다. 그가 사실적으로 실제인물의 행동을 하면서도 그가 이끄는 방법과 설득은 초자연적인 분위기를 조성한다.

힐데갈드 하머슈미트(Hildegard Hamerschmidt)는 라일리를 비롯하여, '보호자'(guardian)적인 역할을 하고 있는 줄리아나 알렉스는 단순히 도구적 기능을 맡고 있을 뿐, 이 극의 전체적인 의미로 보아 인류(humanity)에게 보내는 '신의 메시지'라는 종교적 관점에서 그들의 역할을 분석해야 한다고 말한다.[135] 사실 그들은 신이 인간에게 보내는 메시지의 전달자로서 인간들의 영혼 구원의 촉매 역할을 한다고 볼 수 있다.

이 극의 종교적 의미를 불교사상과 연관시켜 고찰한 비말라 라오(Vimala Rao)는 인도철학에 관심 있었던 엘리엇이 특히 힌두문학의 고전인 『바가바드기타』에서 영향을 받은바 크다고 고찰한다.[136] 라오는 『칵테일

---

135) Hildegard Hamerschmidt, "The Guardians in Eliot's Cocktail Party," *Modern Drama*, Vol. 24, No. 1, 1981, p. 65.
136) Vimala Rao, "T. S. Eliot's *The Cocktail Party* and *The Bhagavad-Gita*," *Comparative*

파티』에서 언급된 아프리카의 전쟁은 "기타"(Gita)에서 묘사된 신화적인 쿠룩세트라(Kurukshetra) 전쟁의 현대판이며, 엘리엇 극에서 "구원을 성취시키라"(Work out your salvation)는 대사가 세 번이나 쓰인 것은 부처가 열반할 때 제자들에게 남긴 말을 상기시킨다고 지적한다. 실리아가 평범한 속세적 가치를 버리고 자기희생의 길로 떠나는 것을 불타의 가르침과 일치되기도 한다. 또한『황무지』의 결구인 "다타, 다야드반 다미아타"(Datta, Dayadhvan Damyata)라는 영혼을 구원해 줄 신의 소리와 평화를 기도하는 축도인 "샨티, 샨티, 샨티"(Shantith shantith shantith)는 성자의 길을 따르지 못하는 중생에게 '주고, 공감하고, 자제'하는 미덕을 가리키는 구절의 예로 보아서 엘리엇이 불교에 대해 가졌던 관심을 부인할 수는 없다. 그러나 그의 작품의 의미는 동서양의 고전이나 신화속의 의미를 현재 다루어져 온 인간의 근본적 고독, 정신적 불모, 죄의식과 속죄, 그리고 영혼 구원의 문제와 맥락을 같이 하며, 그러한 문제들이 그의 기독교적 개념에 의해 다루어져 왔음을 그 자신의 논문이나 평문을 통해 알 수 있다.

엘리엇은 베켓의 순교 의미를 현대관객에게 어떻게 이해시킬 수 있는가에 대해 고심했고, 해리의 죄의식도 정신이상자로 오해되기 쉽다는 것을 알고 있었다. 『칵테일파티』에서도 인물창조에 있어서 보다 현대인과 밀접한 관련을 맺기 위해 1940년대의 관객이 매료되고 있었던 분야의 하나인 정신분석학적 수법을 사용하여 라일리의 역할을 알케스티스(Alcestis)에 나오는 헤라클레스의 현대판 대응자로 만들어 놓았다.[137] 그는 헤라클

Literature Studies, Vol. 28, No. 2. 1981, pp. 191~198.
137) Eliot, "Poetry and Drama," p. 91. The Alcestis의 헤라클레스는 Admetus의 집에 정체 불명의 객으로 도착하여 Admetus를 대신해서 죽은 알케스티스를 소생시켜 준다. 이는 Admetus가 사랑하는 아내의 죽음을 뒤늦게나마 통탄하여 소생을 원하고

레스처럼 에드워드 부부를 갱생시키고 있으며, 기독교적 결혼생활의 긍정적인 면은 '날마다의 갱생'에 있다는 점이 강조된다.

실리아의 경우도 비록 육신의 죽음을 당하지만, 알케스티스와 마찬가지로 다른 사람을 위해 자신의 생명을 대속물로 바치는 기독교적 희생정신을 보여준다. 그녀가 십자가형을 받았다는 구절은 그리스도의 희생을 비유한 것으로 해석할 수 있다. 이 극의 핵심적 주제인 사랑을 실리아는 창조주인 신에 대한 사랑을 확인하는 데서 성취한다.

엘리엇은 실리아가 택한 '광명의 길'과 에드워드 부부의 '일상적 삶의 의의'가 현대인의 정신적 재생을 위해 다같이 중요함을 보여주었다. 전자의 길은 소수의 선택된 자만이 가는 차원 높은 길이지만, 성자적 희생은 결국 속인의 구원을 위한 밑거름이 되게 하는 신의 계획이기에 두 길은 서로 통한다. 기독교적 용어나 상징이 이미 보편화된『대성당의 시해』와는 달리 온유한 극적 분위기로 표현하였다.

현대인이 즐기는 칵테일파티는 세속적 풍속이지만 화기 있는 사교의 장이며, 고독한 현대인들이 마치 영성체 의식Communion)에서처럼 공통의 문제를 의논하는 대화의 터전일 수 있는 것이다. 데이빗 존스는 이 극의 파티에서 서로 주고받는 술잔이나 '작은 음식조각들'(titbits)은 영성체 의식에서의 '빵과 포도주'의 세속적 대응물로 볼 수 있고, 현대 가정의 응접실과 같은 곳에서 그러한 의식의 유형을 발견하게 되는 '형이상학적 기지'를 담은 작품이라고 논평한다.138) 또한 라일리는 마치 고해성사를 담당하는 신부와 같은 역할을 한다. 그가 현대적 심리분석 방법을 취하고 있는

있다는 사실을 알게 된 것에 있으며, 그런 슬픔 속에서도 환대를 베풀어 준 헤라클레스의 보답이다.
138) David E. Jones, p. 143.

점은 사실 기독교적 진실을 전하는 방법과 무관하지 않음을 엘리엇은 다음과 같이 주장한다.

> 심리학은 두 가지 방법에서 매우 큰 유용성을 갖고 있다. 오래 전부터 기독교 신앙에 알려진 진실들이 대부분 잊어버리고 무시된 것을 다시 회복시킬 수 있으며, 어느 정도는 회복되었다. 따라서 그러한 진실들을, 기독교 언어가 죽었을 뿐 아니라 해독 불가능한 현대인들에게, 이해할 수 있는 형식과 언어로 담을 수가 있는 것이다.

> Psychology has very great utility in two ways. It can revive and has already to some extant revived, truths long since known to Christianity, but mostly forgotten and ignored, and it can put them in a form and a language understandable by modern people to whom the language of Christianity is not only dead but undecipherable.[139]

심리학과 기독교적 진리와는 역사적으로 긴밀한 관계였으나, 엘리엇은 종래의 통속화된 기독교적 용어의 사용을 의도적으로 피하고 있음을 밝힌다. 그러나 심리학은 어디까지나 부수적인 기능을 다할 뿐이며, 종교를 대신할 수 없음을 강조하고 있다. 정신분석학은 얼마만큼의 만족스런 조언을 할 수 있으나 제한성이 있다. 실리아의 순교적 죽음의 의미를 심리학으로는 해석될 수 없는 것이다. 캐롤 스미스가 실리아의 순교를 '신과의 결혼'으로 해석하고 있는 것도 이 글의 결말에서 종교적 의식을 상징하는

---

139) Eliot, "The Search for Moral Sanction," *The Listener*, Vol. 2, No. 108 (March 1932), p. 446, quoted in David E. Jones, p. 146. "But if this is true, it can never take the place of religion, though it can be an important accessory."

축복으로 끝맺고 있는 점을 주시한 데 있다.

이상에서 살펴본 바와 같이 엘리엇은 사랑이 결핍된 현대인의 삶에서 연유되는 고독과 정신적 좌절감을 기독교적 사랑의 개념으로 구원의 길을 제시하였다. 현실적 삶을 부정하지 않으면서 이상을 추구할 수 있는 길이, 성자적 삶의 길과 마찬가지로 중요함을 보여 주었다. 현세에 머무는 에드워드 부부에게 똑같은 축복을 내리고, 그들의 거실에서 다시 열리고 있는 칵테일파티에서 막을 내린 점은 평범한 인간들에게 더욱 작가의 동정이 가 있음을 엿보게 한다.

2. 자아의 발견
『개인 비서』(*The Confidential Clerk*)

세속인의 정신적 구원의 문제가 현실세계를 떠나지 않고 해결되고 있는 것은 『개인 비서』와 『원로 정치가』에서다. 『칵테일파티』에서 세속적 삶을 지속하는 사람들과 성자적 삶의 길을 실천한 사람이 각기 자신들에게 합당한 구원의 길을 선택한 것과는 달리 이 두 극의 주인공들은 일상생활에서 자신의 삶의 목표를 확인하거나 진실한 사랑의 의미를 깨닫고 마음의 평화를 얻는다.

이제까지 엘리엇 극에서 명시된 '두 차원의 구원의 길'이 『개인 비서』에서는 어떻게 대치되고 있는가를 먼저 살펴보고, 그 제시된 길이 주인공의 진실추구 과정에서 선명하게 인식되고 있다는 점을 주시하여 '자아발견의 과정'을 중심적으로 논의하고자 한다.

『개인 비서』의 주인공 콜비(Colby Simpkins)가 도달한 구원의 길은 속세적인 '직업'과 '예술'의 세계로 대치되고 있다. 예술은 종교보다는 일상생활에서 근접하기 쉬운 분야이며, 비록 예술을 위해 몸 바치는 사람이 있다 해도 종교적 금욕생활이나 자기희생이 요구되는 것은 아니다. 실리아가 죽음이 있는 험난한 길을 택해 신앙적인 희생을 보여준 것과는 달리, 콜비는 비록 이류의 음악가이지만 자신의 한계를 인식하고 교회 오르가니스트의 직업을 택함으로써 진실한 자아발견을 하게 된다. 극의 말미에서 그의 아버지도 원래는 그와 마찬가지로 '실패한 음악가'였음이 밝혀지고, 콜비가 시골 교회에서 음악가로 봉사하는 길을 택하게 된 것은 '예술과 직업의 합일'을 통해 종교의 세계에 들어갈 수 있다는 암시로 볼 수 있다.[140]

콜비가 자신의 진정한 아버지가 누구인가가 밝혀졌을 때 서슴없이 아버지의 직업까지도 따르겠다는 소신을 갖게 된 것은 '환상과 욕망'을 버리고 자기 능력에 맞는 진실한 삶을 살겠다는 인식이 그 계기가 된다. 그가 클로드 경(Sir Claude)의 비서직을 사직하고 멀해머(Mulhammer) 가를 떠나겠다는 의사를 밝히는 구절은 이 극의 주제를 요약해 놓은 것으로 볼 수 있다.

---

140) Joseph Chiari, *T. S. Eliot, Poet and Dramatist*, Guardian Press, New York, 1979, p. 138~139. Chiari는 콜비가 매우 높은 신앙심을 갖고 있다는 점에서 종교적 인물이 될 수도 있으며, 그에게 있어서 음악은 종교와도 같을 것이라고 지적한다. 그러나 그것이 종교의 대치물은 될 수 없으며, 신앙심 없이 전적으로 종교 외적인 것에 매달리면 삶의 중심을 잃은 단편적인 존재임을 주의시킨다. 필자는 Chiari의 의견에 동조하며, 비록 이 극에서 종교적 주제가 후면으로 물러가 있으나 보통 사람의 내부에 정신적 바탕이 되고 있는 신앙심이 삶의 선택을 좌우한다는 것을 시사했다고 본다.

확신이 없는 사람이 된 것이죠.
자신에게도, 그리고는 욕망도 없는·
이제 '나'의 환상과 욕망은 버렸음으로
남은 것이라고는 전부 사랑뿐입니다. 거짓 구실이 아닙니다.
그것이 제가 떠나겠다는 이유입니다.

You've become a man without illusions
About himself, and without ambitions.
Now that I've abandoned my illusions and ambitions
All that's left is love. But not on false pretences;
That's why I must leave you.[141]

콜비는 해리나 실리아처럼 감동적인 행동을 성취하지는 않지만 무엇
이 진실인가를 판별할 수 있는 예민한 감성과 청아한 지성을 지닌 인물이
다. 또한 그릇된 인간관계를 바로잡아 주는 것이 '사랑'이라는 것을 주장
할 만큼 그는 선을 추구한다. 사실 이 극의 모든 인물들은 노스롭 프라이
가 표현했듯이 '황금과 같이 귀한 마음'(a heart of gold)의 소유자들로서
'진지한 소극'(demure farce)의 분위기를 이끌어 간다.[142] 프라이는 이 극의
복잡한 플롯이 에우리피데스의 『이온』(Ion)보다는 메난더(Menander)의 신
희극(New Comedy)에 가깝고, 오스카 와일드의 『진지함의 중요성』(Importance
of Being Earnest)과 더욱 긴밀한 유사성을 지닌다고 지적한 이유도 왜곡된
상황에서도 '일관된 조리가 잡힌 세계'(self-consistent world)를 보여주고 있

---

141) 본 장의 『개인 비서』는 T. S. Eliot, *The Confidential Clerk*, Faber and Faber, London, 1979에서 인용함.
142) Northrop Frye, "Atmosphere of Demure Farce," *T. S. Eliot's Plays*, ed. by Arnold P. Hinchliffe, op. cit., p. 172 이하 참조.

기 때문이다.

신희극 이후 셰익스피어의 희극과 와일드의 '상류사회 풍속희극'(high comedy) 속에서 주로 다루어진 소재에서 '잃어버린 자식과 부모 찾기'(lost children and searching parents)라든가, '신원착오' (mistaken identity) 등을 둘러싼 극적전개를 주요 특징으로 들 수 있다. 『개인 비서』에서도 등장인물들이 사생아와 기아(棄兒)를 두었다는 사실이 폭로된다. 부모와 자식들의 복잡한 관계에서 그들 가정의 가면적 삶의 모습이 드러난다. 교묘하게 얽혀진 사건은 어떤 불가피한 외적 환경 때문이 아니라 모두가 자신들의 위선을 은폐하기 위한 책략에서 비롯된 것이며, 그들 내부에 감추어진 그릇된 욕망의 결과 때문이다. 이들의 관계는 다음과 같은 복선을 두고 있다.

클로드 경과 그의 부인 레이디 엘리자베스 멀해머는 약 25년 전에 각기 사생아를 하나씩 둔 것으로 되어 있다. 그러나 극미에 가서 클로드 경의 아이는 태어나지 않은 채 그의 애인이 죽었다는 사실이 밝혀진다. 당시 그는 캐나다에 떨어져 있었기 때문에 그 사실에 대해 알 수 없었고, 콜비를 자신의 아들인 줄 생각한다. 그러나 실은 콜비는 레이디 엘리자베스의 언니인 구자드 부인(Mrs. Guzzard)과 가난한 오르가니스트 남편 사이에 태어난 아들이다. 한편 레이디 엘리자베스 자신의 사생아는 약혼자가 기르기로 되어 있었으나 그가 아프리카에서 코뿔소(rhinoceros)에 받쳐 죽은 후 어느 양모에게 주어졌는데 이제 양모의 이름도 기억할 수 없이 행방이 묘연해진 것이 '아들 찾기'의 과정을 복잡하게 만들고 있다.

이 극은 앞서 인용한 콜비의 극미에서의 대사 속의 '착각 또는 환상'(illusion)이라는 말에서 해명된다. 극이 시작되면 클로드 경은 오랫동안 아들로 착각하고 도와온 콜비를 이제 은퇴하는 그의 비서 에거슨의 후임으로 집안으로 데리고 와 있다. 그의 아내 엘리자베스가 돌아오면 우선 콜비를 한 가족처럼 지내게 한 다음 콜비가 자신의 아들이라고 고백할 참이었다. 이러한 환상적인 생각은 가면적 삶의 유인이 되고 있다. 클로드 경뿐만 아니라 엘리자베스 부인도 심오한 사색을 통한 삶의 철학은 갖고 있지 않으며 쉽게 남편의 환상에 감염되는 성품이다. 콜비를 자신의 잃어버린 아이가 성장해서 돌아온 것이라고 착각할 정도로 그녀는 단순하다. 데이빗 워드가 지적한 것처럼 극중 인물 중 에거슨을 제외하고는 모두가 각기 자신들의 '환상세계'에 사로잡혀 있으며 진정한 사랑의 인간관계는 환상의 파기 뒤에 가능해질 수 있는 것이다.[143]

클로드 경은 레이디 엘리자베스가 늘 가상의 세계(a world of make-believe)에서 살아왔음을 안다.

> 글쎄, 그분이 자네를 내 아들이 아니고
> 정말 자기 아들이라고 믿게 했다면, 난 놀라지 않겠네.
> 항상 가상의 세계에 산 사람이었으니까. 잠시 동안
> 우리가 할 수 있는 최상의 길은 그 환상을 잠시 동안,
> 바른 길로 이끌어 주는 것이지.

> Why, it wouldn't surprise me if she came to believe
> That you really are her son, instead of being mine,
> She has always lived in a world of make-believe,
> And the best one can do is to guide her delusions
> In the right direction.

---

143) David Ward, *T. S. Eliot Between Two Worlds*, p. 214.

콜비는 클로드 경과는 달리 가상의 세계에는 자기기만이 있을 뿐이라고 생각한다. 엘리엇극의 정직한 인물들은 가상에 오래 머물지 못한다. 실리아가 에드워드와의 관계에서 진실을 발견하지 못했을 때, 그녀가 돌아가고 싶었던 세계는 순수를 지향했던 본성적인 자아의 세계였다. 그곳에는 외적 지표에 따른 선악의 관념이 현실적 시간에서 그녀를 괴롭히는 따위의 미미한 일은 일어나지 않았다. 가치 있는 삶의 불변의 모습을 확인할 수 있는 곳은 신의 빛이 있는 세계였다, 그곳은 필연적으로 현세를 떠나야 만나게 되는 것이었다. 비록 스위니가 생각했던 원시적 섬은 아닐지라도 아프리카라는 오지이다.

엘리엇은 인간에게 순수한 자신의 모습을 키울 수 있는 비밀스런 곳, 즉 정신적 오지가 있어야 된다는 것을 『개인 비서』에서 시사하고 있다. 콜비의 정신적 성장처는 오르가니스트로서의 꿈을 키우던 전직이었지 클로드 경의 비서직이 아니다. 비록 성공하지 못하여 실의에 차 있었던 때였지만 그는 그런 옛 모습으로 복귀하고 싶은 충동을 뿌리칠 수 없음을 고백한다.

> 나의 마음이 투명해지고 비어 있을 때, 길을 걸어가거나
> 밤중에 깨어나면, 그땐 이전의 내가,
> 내 자신이었던 존재가, 다시 돌아와 나를 사로잡는 것입니다.
> 그러면 나는 또다시 실망한 오르가니스트이고,
> 그리고 그것은 내가 할 수 없는 것이며,
> 결코 내가 뛰어나게 할 수 없었던 예술인데도,
> 잠시 할 가치가 있는 것으로 보이며, 그것이
> 내가 하고 싶은 것으로 보입니다. 나는 나의 그런 존재와 싸워야
>   합니다.

When my mind is cleared and empty, walking in the street

Or waking in the night, then the former person,

The person I used to be, returns to take possession;

And I am again the disappointed organist,

And for a moment the thing I cannot do,

the art that I could never excel in,

Seems the one thing worth doing, the one thing

That I want to do, I have to fight that person.

'자아로의 환원'에 대한 갈망은 순수성의 추구와 동일하다. 콜비의 정신적 고향은 원시적 섬으로, 아프리카보다는 세련된 예술의 세계이지만 동질의 목적과 동기를 갖고 있다. 그는 자아의 세계를 떠나서는 정신적 구원을 얻지 못한다는 것을 알게 된다. 필립 헤딩스는 특히 콜비의 성격적 특징을 토마스 베켓, 해리, 실리아, 더 거슬러 올라가서 <프루프록>, <게론티온>, <황무지>, <재의 수요일>의 화자와 일관된 유사성을 지닌다고 지적한 것은 그의 자아발견 과정에서 겪는 회의와 자기투쟁의 진지한 태도를 주시했기 때문이라고 본다.144)

진정한 자아의 세계를 희구하는 콜비는 클로드 경의 젊은 날의 모습이기도 하다. 그가 실업가가 된 것은 부친의 강요를 저버릴 수 없었던 타의적 선택이었으며, 실은 도예가가 되는 것이 그의 꿈이었다. 콜비의 오르가니스트에 대한 꿈과 클로드 경의 도예가에 대한 애착은 예술을 통한 '자아세계의 발견'으로 상징되고 있다. 도예에 대한 일반적 평가기준에 따른다면, 오르가니스트보다 선명하게 부상되고, 도예가 보다는 미술가, 또

---

144) Phillip R. Headings, p. 162.

는 시인이 훨씬 예술성을 지닌다고 말할 수 있다. 더욱이 콜비는 자신을 성공하지 못한 이류 오르가니스트로 자인하고 있으며, 클로드 경 역시 도예가로 성공하지 못했기 때문에 도자기 수집을 취미로 하고 있다.

콜비나 클로드 경이 지향했던 이상이 이전의 엘리엇 극작품 속의 주인공들이 추구했던 정신적 구원에 비추어 차원 낮은 꿈(low-dream)[145]에 부합되게 구성한 엘리엇의 의도를 살펴볼 필요가 있다. 즉, 현세적 가치기준에 의해 평가되는 '이류의 세계'는 개인의 이상을 충족시킬만한 가치 있는 것이며 사적 세계의 존엄성이 성립된다는 것을 시사해 준다. 엘로이즈 헤이는 사회적 개념의 부정적 요소들에 대하여 긍정적 의미를 부여한 작가의 의도를 엿볼 수 있다고 지적하면서,[146] 평범한 케간(Keghan)이나 에거슨(Eggerson) 같은 극중 인물들의 입에서 매우 중요한 의미의 대사가 읊어지고 있다는 점은 이들 인물들을 통해 현대생활의 부정적인 면과 긍정적인 면을 통합한 것이라고 지적한다.[147]

정신적 구원이 차원 높은 세계에서만 이루어지는 것이 아니며, 현대 사회생활과 개인의 일상적인 행동과 관습 속에서 또는 직업이나 취미생활을 통해서도 어떤 종교적 감동(religious emotions)을 경험할 수 있다는 엘리엇의 종교관의 반영이라고 볼 수 있다.[148]

클로드 경은 흔히 일반인들은 도자기를 하나의 실용적 장식물로 생각

---

145) Eliot, "Dante," p. 262. 엘리엇은 'Divine Pageant'의 세계를 *high dream*이라고 한데 반하여 "and the modern world seems capable only of the *low dream*, I arrived at accepting it, myself, only with some difficulty."라는 구절은 현세의 한계성을 인정하고 있음을 시사한다.

146) Eloise Knapp Hay, p. 140.

147) Ibid., p. 142.

148) Eliot, *The Idea of a Christian Society*, Faber and Faber, 1962, pp. 30~35.

하고 있다는 것을 알면서도 자신이 도자기를 향한 이상을 마치 플라톤적인 '이상의 세계'에서 파악한다.

나로서는, 그것들은 '서용목적'이나 '장식용'이 아니다 —
즉, 생활의 배경으로서의 장식 말이야
나에게는, 그것들은 생명 그 자체이지, 그러한 것들과 함께 있다는
    것은,
이것을 도피라고 한다면, 삶 속으로의 도피지,
더러운 세상으로부터 깨끗한 것으로의 도피,
조각품과 그림 — 난 좀 괜찮은 것들을 갖고 있어 —
그렇지만 그것들은 이게 없는 거야. ... 내가 늘 그리워했던 다른 것
난 형식이 진실인 세상을 원했고
실체가 그림자에 지나지 않는 세상을 말이지.

For me, they are neither 'use' nor 'decoration' —
That is, decoration as a background for living;
For me, they are life itself. To be among such things,
If it is an escape, is escape into a pure one,
Sculpture and painting — I have some good things —
but they haven't this ... remoteness I have always longed for
I want a world where the form is the reality,
Of which the substantial is only a shadow.

그에게 있어서 도자기는 하나의 물질적 가치를 초월하여 그의 정신적 실체와 일치하며 삶 자체(life itself)가 되는 순수한 세계이다. 탐욕(sordid world)에서의 탈출이 가능한 자유로운 자기만의 영역인 것이다.

그러나 내가 혼자일 때, 한 가지를 충분히 오래 바라볼 때면,
때때로 나는 작가와 동일시되는 감각을 갖게 된다.
나는 그것에 대해 이렇게 말하지 - 고뇌에 찬 희열이라고
그것이 삶을 참을만하게 만드는 것이다. 그게 내가 갖고 있는 전부야.

But when I am alone, and look at one thing long enough,
I sometimes have that sense of Identification
With the maker, of which I spoke - an agonizing ecstasy
Which makes life bearable. It's all I have.

자신이 품었었던 예술에의 열정은 이제 타인의 작품에서 예술가의 고
통에 찬 희열(agonizing ecstasy)을 간접적으로 경험하는 것으로서 성취되고
있다. 그것은 그에게 있어서 종교를 대신해 줄만큼 진지한 세계를 형성해
준 것이다.

아마도 이것이 종교의 자리를 대신하는 것이라고 생각한다:
내 아내가 조사하는 것처럼
아내는 영적 생활이란 것을 연구하는데,
그것은 일종의 종교의 대용이라고 말할 수 있지.
아마도 진정한 종교적인 사람들-
지금껏 그런 사람들을 알지는 못하지만-그들이라면 어떤 통일성
　을 찾아낼 수 있겠지.
그리고서 또한 천재들이 있지.
기타 사람들, 내가 보기에는, 기껏해야
두 세계에 사는 것인데-모두가 가장(假裝)의 세계다.

I suppose it takes the place of religion:
Just as my wife's investigations
Into what she calls the life of the spirit
Are a kind of substitute for religion.
I dare say truly religious people —
I've never known any — can find some unity.
Then there are also the men of genius.
There are others, it seems to me, who have a best to live
In two world — each a kind of make-believe.

진정한 신앙인은 하나의 통일성을 지닌 정신과 현실의 세계가 있다. 그러나 콜비는 자신처럼 평범한 인간은 그런 인물도 못되며, 천재적 예술가처럼 직업과 예술을 통일시키지도 못하고 두 가지 세계에서도 최선을 다할 수밖에 없다는 것이다.

그러나 콜비는 마치 실리아의 본성적 정직성이 현세와의 타협을 거부했듯이, "뭔가 내 안에서 / 그런 조건을 받아들이는데 반발 같은 것을 느낍니다"(something in me / Rebels against such conditions)라는 말로서 어떤 유혹에도 흔들리지 않는 자세를 보인다. '기만 위에 구축된 삶'이란 아무 정신적 구원도 발견할 수 없는 가면의 세계에 불과한 것이다.

극중 인물들이 모두 이 가면의 세계를 벗어날 수 있는 선한 본성을 갖고 있다는 것이 이 극을 밝게 해준다. 클로드 경은 콜비와의 의견대립에서도 조금도 노여움을 표시하지 않는다. 정신적 구원을 보다 정직한 현실에서 실현시키고자하는 콜비를 이해하고 있는 것이다. 이제까지 그 자신은 가면과 현실의 세계를 지혜롭게 분별하여 처신했다고 생각했기에 그 방법을 콜비에게도 알려주고 싶었던 것이다. 그러나 이제 그는 콜비의 거부적 태도에서 자신이 젊었을 때 그의 부친에게 가졌던 반발감을 되살리고, 바로 그것이 순수한 자아의 결정이었음을 상기한다. 그는 다시 원점으로 돌아가 본성적 자아를 만나기 위해 '비밀의 문'으로 들어간다. 도자기가 있는 사실(私室)에서의 깊은 사색은 이제 외부로부터의 도피가 아니라 두 개의 삶을 통일해 보려는 새로운 추구의 시작으로 볼 수 있다.

클로드 경의 혼자만의 사실과 병치되는 것이 콜비의 비밀의 정원(secret garden)이다. 그것은 그의 마음속에 자리하고 있는 정밀과 지복의 세계이며, 『가족의 재회』에서의 아가사와 해리가 만난 '장미원'의 이미지와 유사하다. '장미원'은 엘리엇이 그의 비전에서 경험하는 정신적 현실에 대한 상징으로서 그의 후기시에 많이 사용되고 있다. 단테에 있어서의 베아트리체와도 같이, 우리의 동경이 머무는 청순 무구(無垢)의 세계이다. 우리의 회전하는 시간의 세계는 그곳에서 멈추고 신의 질서와 조화를 통해 정신적 신생이 가능한 심오한 삶의 의미를 계시 받는 곳이었다. 그러나 콜비의 비원(秘園)에서는 인간적 유대는 존재하지 않는다. 혼자만이 들을 수 있는 음악과 아무도 내음을 맡을 수 없는 꽃들의 향기로 가득 찬 곳이다.

정원의 이미지는 제2막의 콜비와 루카스타의 대화에서 각기 다른 뜻으로 표현됨으로서 콜비가 유독 세속적 가치를 떠난 순수성에 매혹되어 왔음을 시사해 준다.

콜비
　당신도 어딘가에 비밀의 정원이 있을 거예요, 찾기만 한다면,

루카스타
　　　　　　　　　　　　　　찾을 수 있다니요!
　아니요, 나의 정원이란 … 기껏해야 런던의 지저분한 곳에 있는

너절한 광장일 뿐이죠－전에 어머니하고 잠시 살았던
그런 동네 마당 같은 곳일 뿐이에요. 내겐 정원이 없어요.
내 자신이 인간이라고 조차 생각이 안돼요.
리젠트 공원의 도랑 수면 위에 표류하는
한낱 살아 있는 물건에 지나지 않아요.
표류하는 것, 그것이죠.

COLBY

Are you sure that you haven't your own secret garden
Somewhere, if you could find it?

LUCASTA

                                    If I could find it!
No, my only garden is ... a dirty public square
In a shabby part of London－like the one where I lived
For a time, with my mother. I've no garden.
I hardly feel that I'm even a person:
Nothing but a bit of living matter
Floating on the surface of the Regent's Canal
Floating, that's it.

이 대화에서 반복되고 있는 'garden'이라는 핵심적 어휘는 두 사람 사
이의 심리적 장벽을 통찰케 하며, 마치 『가족의 재회』에서 메리와 해리가
서로의 만남을 이루지 못한 'garden'의 이미지와 유사하다.149)

---

149) Andrew Kennedy, *Six Dramatists in Search of a Language*, Cambridge University Press,
1975, p. 120. 케네디는 이 대화에서의 구어체의 리듬과 어휘의 반복이 훌륭하게
탐색의 심리를 표현하고 있다고 말한다.

그러나 콜비는 그의 정원이 현실적인 것이 못되고 있다는 데서 고독감을 느낀다. 에거슨처럼 현실적으로 채소를 가꾸고 그 생산물들을 자기의 가족에게 갖다 주는 실질적인 일을 해내는 정원이 아닌 것이다. 에거슨과 같은 환상과 가면이 없는 사람에게는 정원은 하나의 통일성을 지닌다. 그것을 명상과 사색과 욕망이 없는 지극히 평범한 현실에 지나지 않는다 하여도 적어도 자아의 분열은 일어나지 않는다. 콜비는 내부에 자리한 자아가 외부적 현실과 연결되지 못한다는 것은 그에게 있어서 고독이며 소외된 감정일 수밖에 없다고 생각하는 것이다.

> 그런데도 말이에요, 그것이 나에게는 아주 리얼한 것이
>   아니라니까요—
> 비록 이 세계처럼은 … 리얼하게 보이지만요.
> 그 점이 문제지요. 두 세계 사이에 전혀 관계가 없는 것 같아요.
> 내가 열쇠로 문을 열고, 그리고는 문으로 걸어 들어가면,
> 나는 거기에 … 혼자, 나의 '정원' 안에 있는 거예요.
> 혼자라는 것, 바로 그것이죠. 그러기에 리얼하지 않다는 것입니다.
> 그런데 에거슨의 정원은 내 정원보다
> 더 리얼하다고 생각이 되는 것이지요.

> And yet, you know, it's not quite real to me—
> Although it's as real to me as … this world.
> But that's just trouble. They seem so unrelated.
> I turn the key, and walk through the gate.
> And there I am … alone, in my 'garden.'
> You know. I think that Eggerson's garden
> Is more real than mine.

고독감은 사랑 없는 인간관계에서 일어난다. 콜비는 고독 속에서 추구하는 자아의 세계는 아무런 의미가 없다는 것을 강조하고 있다. 인간의 고독은 신의 사랑과 멀리 떨어져 있을 때 느끼는 허무감이다.

> 그곳에 혼자일 수는 없지요.
> 만일 신앙심이 있다면, 신이 내 정원 안에서 걸으실 것이고
> 그러면 바깥 세계도 리얼하게 될 것이고
> 그러면 받아들일 수 있겠지요, 내 생각으로는

> Not to be alone there.
> If I were religious, God would walk in my garden.
> And that would make the world outside it real
> And acceptable, I think

누군가와 더불어 아름다운 음악과 꽃의 향기를 즐길 수 있는 고독하지 않은 정원은, 데이빗 존스가 밝힌 것처럼, 사랑의 영적 교섭(the communication of love)에 의해 다른 인간존재가 그의 정원에 침투할 때만 이 정원은 외부 세계와 똑같이 실재성을 띄는 것이다.[150]

그러나 그러한 인간적 사랑의 결합은 그의 정원에서 쉽게 실험되지 않았다. 루카스타가 관찰한 대로 콜비는 더욱 깊은 고독에 몰입해 가고 그것은 냉정함과 이기적 세계의 구축이 될 뿐이다. 루카스타가 클로드 경과의 사생아임이 밝혀지고, 콜비가 그의 아들이라는 가정에서는 둘의 결합

---

150) David E. Jones, p. 64. "Without the bond of love, neither aspect of life is fruitful, neither world is truly real ... Thus we see that gap between the two worlds, the public and the private, can only be bridged by love."

이 불가능한 것이었지만, 그녀가 콜비를 단념한 직접적인 동기는 인간적 사랑이 그의 정원에서 이루어질 수 없음을 확인한 실망감 때문이다.

> 고독에서 막 해방됐다고 생각할 때에
> 고독에 휩싸이고 말지요.
> 막 빠져 나온다고 생각할 때에 더욱 깊이 빠져 들어가니
> 결국 도피할 길은 없다는 것을 깨닫게 되지요.
> 자, 가봐야겠어요.

> Just when you think you're on the point of release
> From loneliness swoops down upon you;
> When you think you're getting out, you're getting further in,
> And you know at last that there's no escape.
> Well, I'll be going.

스스로의 고독의 덫에 사로잡힌 콜비의 문제를 해결해 주려는 따뜻한 인간애가 엘리자베스 부인의 마음속에 싹트게 된 것은 신이 누군가의 마음을 통해 궁극적인 신의 은총을 고민하는 자에게 전달시킨다는 것임을 알게 해준다.

필립 헤딩스가 지적한대로 레이디 엘리자베스의 말 속에는 엘리엇의 신비주의가 두서없이 인용되지만,[151] 그녀가 인간이 신과 가장 가까운 존재임을 역설한 후, 콜비가 어렸을 때 어디에서 살았는가를 묻는 구절은 육

---

151) Phillip R. Headings, p. 163. 히딩스는 레이디 엘리자베스의 대사에서 Bhagavad-Gita의 메아리(echoes)를 엿볼 수 있다고 지적한다. 엘리자베스는 소위 'fact'라는 것을 믿기 보다는 영감을 신뢰한다.

친의 탐색이 인류의 아버지인 신의 탐색과 어느 면에선 동일한 의미를 갖
는다.

> 우리의 현세의 부모는 우리가 환생할 때 필요로 하는
> 매개에 불과하다고 생각하게 되었어요. 그리고 우리의 실재의 조상은
> 우리의 전생의 존재였다고 생각하게 되었지요.
> 물론 우리 안에는 무엇인가 있어요.
> 우리 모두에게는, 그것이 단순한 유전 같은 것이 아니라,
> 어떤 독특한 것이지요. 무언가 우리가 영원으로부터 이어온 것,
> 직접 신으로부터 물려받은 그 무엇 말입니다.
> 그러니까 우리는 어느 누구에게 보다도 신에게 더 가깝다는 말이
>   되지요.
> ─어렸을 때 어디에 살았죠?

> To be able to think that one's earthly parents
> Are only the means that we have to employ
> To become reincarnated. And that one's real ancestry
> Is one's previous existences. Of course, there's something in us,
> In all of us, which isn't just heredity,
> But something unique. Something we have been
> From eternity. Something ... straight from God.
> That means that we are nearer to God than to anyone.
> ─Where did you live, as a child?

클로드 경과 레이디 엘리자베스가 콜비를 두고 서로 친권을 주장하다
가 결국 자신들의 아들로 받아들일 것을 합의한 것은, 에드워드 부부가 현

실적 타협으로 안정을 되찾은 경우처럼 가정의 질서의 회복을 의미한다. 그들도 자신들의 잘못을 자성하여 새로운 이해에 이르는 발전적 성격을 보인다. 그들은 또한 자신들의 과거가 환각과 억측(false assumption)에 이끌려진 결혼생활이었다는 것을 새롭게 인식하게 된다. 그들은 서로의 꿈을 이해하지 못하고 오히려 좌절시켰음을 뒤늦게 알게 된 것이다.[152] 그들의 정신적 구원은 엘리엇의 이전의 극작품 속의 주인공들처럼 각성에 의해 성취된다. 구자드 부인이 극미에서 비로소 그동안 콜비를 자신의 아들이라고 밝히지 않았던 것을 반성하는 것도, 콜비가 진정 무엇을 원하는가를 알게 되었기 때문이다. 콜비는 그에게 보여준 클로드 부처의 온정에도 불구하고 진정한 부모를 갈망하고 있으며, 그들의 부나 명예에 아무런 야심이 없다는 것을 구자드 부인은 알게 된다. 그녀의 내부에 잠재했던 욕망은 아들인 콜비가 클로드 경의 가문을 계승하기를 원했던 것이며, 그것은 콜비의 순수성에 비하여 굴욕적인 허영심이었던 것이다. 그녀는 드디어 콜비가 자신의 남편이었던 실패한 음악가의 친자임을 밝히고, 레이디 엘리자베스의 '잃어버린 아들'은 케간임을 알린다. 이제는 사실에 의해서 자아발견을 성취하게 된 콜비는 자신처럼 실의의 음악가였던 아버지의 길을 따르기로 결심하고 에거슨의 권유대로 그를 따라 Joshua Park 교회의 오르가니스트가 된다.[153] 에거슨의 말대로 Joshua Park는 초석(a stepping-stone)

---

152) 클로드 경은 아내가 원했던 것은 'Lady'가 되는 것이라고 생각해 왔으나, 실은 그녀는 "to inspire artist"가 되기를 원했었고, 그녀 또한 남편이 실업가가 되기를 원했던 것으로 생각했으나 그의 꿈은 '아티스트'였다.

153) Leonard Ugner, *T. S. Eliot: Moments and Patterns*, University of Minnesota Press, 1966, p. 138. 에거슨도 아들을 필요로 했기 때문에 콜비를 자기 집으로 데리고 가며, Joshua Park라는 그의 교구 이름은 특별한 의미가 있다고 지적한다. 즉 Joshua Park는 Hebrew말의 Yehoshua로서 Jesus를 뜻하며, Jesus Park는 결국 "God in the

에 불과한 것이며, 그는 궁극적으로 신을 찬미하는 음악을 연주하게 됨으로써 그의 비밀의 정원은 에거슨의 정원처럼 현실적 실재성을 같게 될 것이다.

데이빗 존스는 콜비가 "나는 내 아버지의 일에 관여해야 한다"(I must be about my father's business)고 말한 부분은 그리스도의 길을 따르겠다는 뜻으로 해석할 수 있으며, 세속적 기준으로 볼 때 그리스도는 인간적 삶의 실패자이지만, 기독교인은 그러한 생활을 바로 모방해야 함을 암시했다고 지적한다.154) 콜비가 아무런 개인적 죄지음 없이 고통을 받는다면 그리스도가 자신의 죄 아닌 대속의 고난을 겪는 것과 같다고 하겠다. 그러나 콜비는, 그리스도가 인류의 각성에 역사적 시간을 초월한 계기를 부여한 것과는 달리, 지극히 개인적 진실을 위한 갈등을 겪었다. 따라서 그가 발견한 '자아의 길'에 어떤 고통이 따른다면 '전체의 고통의 일부'일 것임을 단지 막연하게 예시하고 있을 뿐이다.

> 만일 고통이 있다면, 그것은 아직 내가 느끼지 못하는
> 전체 고통의 일부분에 지나지 않습니다.

> If there's agony, it's part of a total agony
> Which I can't begin to feel yet

음악을 통한 교회일은 직업인 동시에 정신적 구원으로서의 확실한 통로로 보는 캐롤 스미스는 콜비가 택한 길이 인간적 관계보다는 신과의 관

---

garden."을 뜻한다.
154) David E. Jones, p. 166.

계가 우위라고 결론짓고 있다.[155]

　봄의 계절을 배경으로 한 극적전개는 극중 인물들의 신생(新生)과 맥락을 같이 한다. 클로드 부부의 화합, 루카스타와 케간의 결혼, 정원의 이미지 등은 계절적 특징을 상징한다. 신의 질서가 그들 삶에서 회복될 수 있다는 암시로, 극은 끝을 맺고 있다. 이상 살펴본 바와 같이 평범한 사람들의 정신적 구원은 환상을 깬 자아발견에서 시작되고, 궁극적으로 신의 질서 안에서 진실을 회복하는 목적에 부응되는 것임이 규명되었다. '착각의 삶'의 모습 대신 인간관계에서 선과 진실을 되찾으면서 신의 자비로운 사랑의 빛을 얻는다. 비록 '보다 높은 차원의 꿈'에서 이루어진 구원은 아닐지라도, 인생에 대한 관용과 진실한 삶의 의의가 복잡한 세속사를 통해 비춰지고 있다. 특별히 선택된 인물의 영적 구원은 아니나 보통 인간의 공적, 사적 생활에서의 중요성이 엘리엇의 마지막 작품『원로 정치가』에서는 더욱 현실적인 주인공의 경험에 의해 조명된다.

3. 사랑의 의미
『원로 정치가』(The Elder Statesman)

　진실한 사랑의 인간관계가 신의 사랑의 이미지로 수용되고 있는 점에서『원로 정치가』는 이전의 극작품들과 그 성격을 달리한다. 사랑을 발견하는 과정에서, 주인공의 과거의 죄가 그의 양심을 괴롭히는 면은『가족의 재회』의 경우와 유사하지만, 비현실적인 유령의 모습으로 나타났던 에우메니데스 대신 이 극에서는 실재인물들이 등장하여 과거를 상기시키고

---

155) Carol Smith, p. 206.

있다. 또한 속죄와 정신적 구원이 인간적인 사랑을 거부했던 주인공들과는 달리 사랑의 유대감, 특히 가족 간의 사랑을 인식함으로써 이 극의 주인공은 인간적인 약점을 보완시킨다.

신의 사랑 속에 구원을 발견한 이제까지의 인물들은 어떤 인간관계의 긴장감(tension)을 뒤에 남기고 떠났지만, 『원로 정치가』에서는 거의 완전한 상태에서 긴장감이 해소되고 있다. 주인공의 딸의 결혼을 축복하고 평화스런 마음으로 죽음의 길로 향하는 한 인생의 끝맺음은 엘리엇이 추구해 온 구원의 문제가 그의 마지막 작품에 와서 종결된 것이라고 할 수 있다.

『원로 정치가』에서는 인간적 사랑의 의미를 기독교적 개념의 구원의 의미와 연관시켜 조명해 보는 것을 목적으로 하고, 주인공의 과거의 삶이 공적 또는 사적생활에서 어떠한 인간적 약점을 내포한 것인가를 밝혀보겠으며, 그의 정신적 재생을 사랑의 발견과 연결시켜 보고자 한다.

'인간적 사랑'이 기독교적 개념의 구원으로 해명되는 점은, 비록 주인공의 삶의 종말 뒤에 어떤 정신적 방향이 암시되고 있지는 않으나, 인생을 마무리 하는 단계에서 자신의 생애에 대한 양심적 통찰을 가능케 한 '신의 은총'이 비춰지고 있기 때문이다. 이 극은 하나의 고백극(drama of confession)이라고 볼 수 있다. 고죄(告罪)를 통해 상호이해가 이루어지고, 자기파기를 통해서가 아니라 자성과 후회를 통해 진실을 찾게 된다. 데이빗 워드는 『원로 정치가』를 엘리엇 개인적으로 또한 도덕적으로나 정신적으로 그의 가장 빛나는 성취라고 평가하며, 엘리엇이 결국 어떤 혼란 없이 인간적인 사랑을 정립했다는 것에 특별한 감동을 받는다고 말한다.[156]

---

156) Davis Ward, p. 222. 이 극의 사랑의 성취에 대하여는 워드뿐 아니라 많은 비평가

『원로 정치가』는 소포클레스의 <콜로누스의 오이디푸스>(Oedipus at Colonus)를 기본적 모델로 채택하고 있다. 엘리엇은 마틴 브라운에게 보낸 서한에서, 『가족의 재회』의 해리의 생애는 오레스테스나 콜로누스의 오이디푸스에서 완성되어야 한다고 밝히고 있다.[157) 오이디푸스가 죽음의 길을 떠나기 전 아테네를 축복하고 그의 딸들에게 남긴 마지막 말인, "한마디로 말하자면 / 그 말은 사랑이라는 것 / 그것이 모든 이러저러한 어려움을 사라지게 만드는 것이다"(one word / That word is love / Make all those difficulties disappear)는 엘리엇극의 제명(題銘)이 될 수 있다.[158) 사랑에 대한 인식이 엘리엇의 주인공 클래버튼 경(Lord Claverton)의 구원을 의미한다는 점에서 두 극의 결말은 유사점이 있다. 클래버튼 경의 마지막 말에도 딸이 아버지를 생각하는 깊은 사랑, 그녀의 약혼자 찰스에 대한 애정, 이 모두를 밝히는 마음으로 포용함으로써 자신의 사랑까지 각성시키는 심성의 관용이 표현되고 있다.

> 나는 너를 사랑한다, 내 딸아, 더 진정으로 사랑하게 되는 것은
> 너에게는 아버지 이상으로 누군가를 사랑한다는 것을 알기
>   때문이지―
> 내가 사랑하고 그에게서 사랑을 받고 있다는 것을.

들이 엘리엇의 두 번째 결혼의 행복과 연관시키고 있다. A. D. 무디는 엘리엇이 이 작품을 쓰고 있는 도중에 그의 비서 Valerie Fletcher와 결혼했으며, 그때 Fletcher는 제1막과 제2막을 타이핑하던 중이었고, 3막에서 Lord Claverton이 딸 모니카와의 결혼을 축복하고 평안한 마음으로 죽음의 길을 떠나는 것으로 끝맺은 것은 본래의 초고 개요에는 없던 것이라며, 결혼 후에 심경의 반영이라고 보고 있다. A. D. Moody. *T. S. Eliot Poet*, Cambridge University Press, 1980, p. 279.

157) E. Martin Browne, *The making of T. S. Eliot's Play*, p. 107, p. 307.
158) David R. Jones, p. 181.

그러나 이제 나는 마이클을 사랑한다.
아마도 처음 있는 일이라고 생각된다-알겠니, 사랑하는 딸아,
나는 사랑의 실천에서 초심자에 불과하다는 것을-

And I love, my daughter, the more truly for knowing
That there is someone you love more than your father—
That you love the first time—remember, my dear,
I am only a beginner in the practice of loving—

이러한 사랑에 대한 인식은 찰스가 지적한 것처럼 인간의 눈으로 학연하게 보이지 않는 어떤 문(some door)을 통과하여 이제까지의 모습이 아닌 전혀 새로운 인간으로 변한 상태에서 일어날 수 있는 것이다. 사실 이 극의 막을 여는 것은 모니카와 찰스의 사랑의 이중주(duet)와 같은 대사이다. 그러나 극초에서는 클래버튼 경에게 이들의 사랑이 자신의 정신적 각성을 유도할 만큼 영향력을 준 것은 아니었다. 그가 정신적 고통을 겪은 뒤에 가서야 비로소 구원의 빛을 발견한 것은 엘리엇의 다른 주인공들의 경우와 유사하다. 따라서 이 극의 시초와 끝을 장식한 사랑의 의미는 극의 대부분을 차지하고 있는 과거의 죄의 실태와 그 중압감을 배제하고는 이해될 수 없는 것이다.

『원로 정치가』는 주인공의 도덕적 실패에 대한 그의 '자기인식'과 '고백'에서 이루어진다. <콜로누스의 오이디푸스>의 극적행동은 주인공의 공적 역할을 수행하는데 있어서 보여준 '내적 숭고성'(inner nobility)이 신들에 의해서 그의 도덕적 승리로 인정되고 있는 것과는 다르다.[159] 공적

---

159) Christel Van Boheemen, "Old Possum at Colonus; T. S. Eliot's *The Elder Statesman*," *Dutch Quarterly Review*, Vol. 11, 1981, p. 126. Van Boheemen은 주인공의 죄의 인식

생활에 대한 클래버튼 경의 실패감은 공인에서 은퇴한 시점에서 시작된다. 그가 건강이 나빠져 요양원에 들어가 있다는 사실은 신체적으로 삶의 말로에 도달한 것을 시사하지만, 심리적으로는 정적 가운데 지난날을 회고하는데 적절한 환경이 된다고 볼 수 있다. 한때 야심 많고 공직에서 성공과 명예를 누리던 그였으나 이제 그의 '다이어리'(engagement book)에는 기록할 것이 없는 '무사색'(contemplating nothingness)의 공허한 나날을 보내고 있다. 그의 공적 생활은 단지 과거지사일 뿐, 또 타인의 눈으로 본 모습이지만, 이제 그는 그의 실체(authentic self)가 어디 있는가 하는 문제에 부딪치고 있다. 그에 관한 신문기사, 송별파티 석상에서의 연설문들, 그가 받은 기념품 등은 모두가 이제 그에게는 허구처럼 무의미하게 보일 뿐이다. 특히 기념으로 받은 은기(a piece of silver)는 도덕적으로 클래버튼 경의 영혼의 상태를 상징한다. 마치 유다(judas)가 자기 영혼을 판 것처럼 클래버튼 경은 진정한 자신의 모습을 공적 이미지를 위해 배반한 것으로 볼 수 있기 때문이다.[160]

그가 자신의 참모습을 발견하는 데는 그의 잘못된 과거를 상기시키는 인물들과 다시 대면하면서 겪게 되는 고통(suffering)이 따른다, 제2막까지는 그의 젊은 시절의 유령 같은 모습들이 다시 나타나 그를 괴롭히는 데서 과거의 삶이 조명된다. 에우메니데스가 아닌 실재인물로 그의 앞에 다시 나타난 페레드리코 고메즈(Federico Gomez)는 클래버튼 경이 한때 죄악의 길로 이끌었던 옛 친구이다. 그가 자신의 성명(Fred Culverwell)을 버리고 고메즈로 개명하여 중앙아메리카에 가서 성공한 것과, 클래버튼 경이

과정은 오히려 콜로누스 이전의 오이디푸스와 유사하다고 지적한다.
160) Ibid., p. 127.

원래는 평범한 이름(Dick Ferry)이었으나 결혼하고 나서 부인의 성을 따서 'Richard Claverton-Ferry'로써 정계에서 출세하여 경의 칭호까지 획득한 점은 두 인물 사이의 공통점을 시사한다. 두 사람의 재회는 공통의 필연성을 내포하고 있다. 고메즈 역시 오랜 타향살이에서 고독감을 느꼈고 과거의 자아와의 연결 없는 자신은 현실적인 것이 아니라는 것을 깨닫고 있다.

또한 클래버튼 경과 마찬가지로 분열된 자아의 인식에서 자아의 분열에 책임이 있었던 원인을 찾아야 한다고 생각한 것이다. 고메즈를 통해 그의 과거와 현재를 연결시켜 줄 수 있는 인물은 옛 친구인 'Plain Dick Ferry'였다. 옥스퍼드 재학시 방탕한 열등생이었던 딕은 수재였던 프레드를 항상 유혹하여 방탕한 생활에 가담케 했으며, 끝내 이용당한 프레드는 퇴학을 당했다. 이 일은 프레드의 앞날을 바꾸어 놓은 계기가 되었고, 드디어 공금을 낭비하고 통화위조의 죄로 감옥까지 가게 된 경험을 한 것이다. 그는 이제 완전히 그의 정체(identity)를 잃고 타인과의 연결이 단절된 상황에서, 그 동인(動因)이 되는 옛 친구에게 자신의 옛 모습과 현재의 모습이 다 같이 받아들여지기를 원한다.

오, 딕, 자네는 모르겠지,
그렇게 단절된 상태란 것이 무엇인지
고향 생각! 고국에 대한 생각이란 가슴 아픈 말이지.
그런 고립된 상태를 자네가 이해하겠나.
......
사람은 자신을 상실했다는 것을 깨달았을 때에
완전히 혼자인 것이지.

O, God, Dick, *you* know what it's like
To be so cut off! homesickness!
Homesickness is a sickly word.
You don't understand such isolation

......

it's only you come to see that you have lost *yourself*
That you are quite alone.

이러한 고립된 상태의 고메즈는 명백하게 클래버튼 경의 대역(double)이며, 두 사람은 모두 정체를 바꿈으로서 그들의 자신을 잃고 타인에게서도 유리된 존재, 즉 '텅 빈 사람'(the hollow man)을 상징하고 있다.[161]

자신의 실체(reality)를 되찾게 해달라는 고메즈의 간청에도 불구하고 클래버튼 경은 과거관계를 외면하려 든다. 그는 아직 내면의 패배된 자아보다는 외견상의 성공한 모습에 보다 집착을 한다. 고메즈가 "우리는 둘 다 실패한 사람들이에요. / 그렇다하더라도 나는 당신의 경우보다는 나 같은 실패자가 되겠어요"(We're both of us failures. / But even so, I'd rather be my kind of failure than yours)라고 말한 것은 '실패'에 대한 인식이 아직은 일치하지 않음을 암시한다. 고메즈가 생각하는 실패한 인간의 모습은 바로 엘리엇 극의 실재(reality)와 현상(appearance)에 대비해서 설명되는 삶의 허상을 말한다.

최악의 실패자란, 내 생각으로는 말일세.
자신이 성공한 사람이라고 스스로 가장해야 하는 사람이지─

---

161) A. D. Moody, pp. 299~280.

아침에 거울에 자신을 비쳐보기 전에
자신의 얼굴을 꾸며야 하는 사람 말일세.

The worst kind of failure, in my opinion,
Is the man who has to keep on pretending to himself
That he's a success—the man who in the morning
Has to make up his face before he looks in the mirror.

고메즈는 인간이 자신을 가장하면서까지 성공에 대한 집착을 보이는 것은 자기기만에 불과하다고 주장한다. 콜비가 실패한 음악가였던 아버지의 길을 스스로 뒤따르면서도 진실한 자아발견에 행복감을 느꼈듯이, 클래버튼 경도 실패를 인정할 때 비로소 평화를 얻을 수가 있는 것이다. 그러나 오랜 세월 동안 허상에 길들여진 그로서는 순수한 콜비와는 달리 그것은 고통과 자기파기의 시련으로 간주된다. 현실생활에서 무구했던 콜비에 비해 그는 너무나 수치스런 과오로 점철된 삶을 보냈다. 망각에 파묻고 싶었던 사건들이 허다한 것이다.

엘리엇은 클래버튼 경의 치욕을 과거의 실재인물에 의해 재조명함으로써 사실성에 의한 긴장감을 부여한다. 고메즈를 죄악의 길로 유도했던 일, 또 어느 달 밝은 밤 차도에서 노인을 치여 놓고 도주했던 일들이 고메즈를 통해 상기된다. 그러나 단죄의 모욕을 당하면서도 그의 가면은 쉽게 벗겨지지 않는다. A. D. 무디의 말대로 클래버튼이 자신의 수치스런 이기심과 죄과를 인정하지 않는 한 그는 자신의 비실재성(unreality)에 자박(自縛)됨을 면치 못하며, 고메즈를 부인함으로써 협소한 자신의 영혼을 더욱 명백히 드러낸 것이라고 할 수 있다.[162] 그는 인간이 자유의지를 갖고 있기 때문에 행동에 대한 "도덕적 책임은 스스로에게 있다"(you are a free moral agent)라는 말로 책임을 회피하려 들지만 결국은 이 말이 그의 죄의 의미를 밝혀주고 있다. 인간의 자유의지 때문에 죄를 범하는 것은 '신이 떠맡긴 죄'(sin by a divine thrusting on)와는 다르다는 것을 데이빗 존스는 오이디푸스의 경우와 비교하여 지적하고 있다.163) 오이디푸스가 그의 아버지를 살해하고 어머니와 결혼하게 된 것은 무지에서 범해진 과오이며 그에게는 죄가 없다고 볼 수 있다. 그가 끈질기게 재앙의 원인을 규명하려는 오만이 그를 불행으로 이끌었다는 해석은 죄의 동인과는 별도의 성격적 고찰에 의한 것이다. 희랍신화에서 신의의 개입에 대한 개념은 엘리엇 극과 근본적으로 차이가 있음이 극에서도 볼 수 있다. 클래버튼 경의 죄는 오이디푸스의 죄에 비하면 간과해도 괜찮을 만큼 미미하다. 이미 죽었을지도 모르는 어떤 노인을 친 것은 오이디푸스가 길을 양보하지 않는다고 아버지를 살해하는 결과를 빚은 것과 다르다. 그러나 엘리엇은 클래버튼의 행동에서 하나의 도덕적 비겁을 예증하고 있는 것은 바로 클래버튼 자신이 말한 깨우치는 소리들(whispers)이 클래버튼을 계속 괴롭힐 것임을 예시하고 있다.

> 자네는 내 모습이 보이지 않을 때보다도
> 같이 있을 때가 더 마음 편하게 느끼게 될 걸세.
> 자네는 수군대는 소리나, 거울에 비친 등 뒤에 서 있는 사람의
>   얼굴이나,
> 짐작할 수 없는 미소나, 경원하는 인사나, 자네가 들어가면

---

162) Ibid., p. 280.
163) David E. Jones, p. 182.

갑자기 조용해지는 흡연실의 분위기 등을 두려워하는 것이겠지.

잊지 말게, 딕,

자네는 '정지하지' 않았어! 자, 이제 떠나는 것이 좋겠지.

You'll come to feel easier when I'm with you

Than when I'm out of sight. You'll be afraid of whispers,

The reflection in the mirror of the face behind you.

The ambiguous smile, the distant salutation,

The sudden silence when you enter the smoking room,

                                    Don't forget, Dick;

You *didn't stop*! Well, I'd better be going.

거울에 비친 얼굴 뒤에 또 하나의 그의 그림자의 속삭임은 해리가 창가나 관목 사이에서 만난 에우메니데스보다 주인공의 실체와 밀접해 있다.[164] 그것은 그림자가 아니라 그의 내부의 조용한 관찰자였음을 클래버튼 경은 제2막에서 모니카에게 호소한다.

우리 내부에 있는 이 자아란 무엇인가, 이 침묵의 관찰자,

이 가혹하고 말없는 비평가, 우리를 협박하고는

결국은 우리를 무익한 행동으로 몰고 가고,

---

164) Eliot, "Poetry and Drama," p. 90. 이 책의 제4장에서 인용했음. 엘리엇은 에우메니데스를 등장시키는 극적기술의 문제에 있어서의 희랍의 신화와 현대적인 장면과의 사이의 조절을 하지 못한 것에 『가족의 재회』의 결함이 있다고 자평한다. 좀 더 아이킬로스와 밀접하든가 아니면 신화를 자유스럽게 취급했어야 함을 회고했는데, 클래버튼 경의 경우는 고메즈와 카길이라는 두 실재 인물들을 에우메니데스의 대역으로 외면하고 있기 때문에 엘리엇이 지적한 결함은 『원로 정치가』에서 시정된 것이라 할 수 있다.

그리하여 결국은, 이 비평가의 힐책에 쫓겨 과오에 빠져든 것을
그는 더욱 가혹하게 우리를 심판한다니?

What is his self inside us, this silent observer,
Severe and speechless critic, who can terrorise us
And urge us on to futile activity,
And in the end, judge us still more severely
For the errors into which his own reproaches drove us?

'말 없는 비평가'는 그의 분열된 두 개의 모습을 지켜보며 잘못되어
가는 것을 간과하지 않는다는 것이다.

　클래버튼의 양심을 두드린 두 번째 방문자는 카길 부인(Mrs Carghill)이
다. 그녀가 클래버튼의 과거 여자라면 곧 그의 과거와의 만남이라는 것이
고메즈의 경우와 같다. 클래버튼이 방탕했던 젊은 시절의 한때의 정부였
고, 그녀의 사랑을 배반하고 딴 여자와 결혼했다는 사실은 오이디푸스가
어머니와 결혼하는 것과는 비교할 수 없을 만큼 극소화된 죄목일 수 있다.
그러나 고메즈처럼 그녀는 클래버튼의 과거의 진면을 상기시켜 준다. 그
녀의 친구 에피가 클래버튼을 '텅 빈사람'이라고 간파했었다는 말은 그녀
자신의 세월이 지난 뒤 적언(適言)임을 인정한 것이다.

에피가 이렇게 말했어요. '그러다간 자신을 버리게 될거다.
내 말 귀담아 들어요. 저런 사람 따라갔다가는 버림받는 거요.
그 사람은 믿을 수 없는 사람이라니까'라고 그렇게 에피가 말했죠.

Effie it was said 'you'd be throwing yourself away.
Mark my words' Effie said, 'If you chose to follow that man
He'd give you the slip: he's not to be trusted.
That men is hollow.' That's what she said.[165]

그녀와의 과거를 부정하려는 클래버튼은 그의 가면을 아직 벗지 못한 상태에 있으며, 고메즈를 대면했을 때 보다 텅 빈 마음은 더욱 고독에 휩싸인다. 그것은 『칵테일파티』의 인격을 상실한 인간의 가장 부끄러운 죄가 된다. 그것은 또한 <The Hollow Men>과 그 이후의 엘리엇 시에서처럼 죄지은 인간은 스스로 고죄하고 지옥의 불(purgatorial fire)을 받아야 됨을 의미한다.[166] 그는 카길 부인의 말대로 그들의 유대관계는 영원히 계속될 것이다. 기독교적 개념에서의 남녀관계는 영적 결합이며, 그것은 무덤 너머까지 지속되는 결속된 한 몸(one flesh)을 의미한다.[167]

우리가 여전히 함께 있다는 것을 생각하면 무서워지는군요.
그리고 우리가 항상 함께 할 수 있다는 것을 생각하면 더 무서워요.
어디선가 읽은 기억이 나는 문구가 있지요:
'그들의 불이 꺼지지 않는 곳'.

It's frightening to think that we're still together
And more frightening to think that we may always be together.

---

165) 'Hollow'의 의미는 *The Hollow Men*에서의 정신적 비전과 방향을 잃은 현대인의 모습의 상징과 동일하게 볼 수 있다. *The Hollow Men*의 해설은 이영걸, 『영미시와 한국시』, 서울, 문학예술사, 1981, p. 255, p. 285 참조.
166) A. D. Moody, p. 281.
167) David E. Jones, p. 186.

There's a phrase I seem to remember reading somewhere:
Where their fires are not quenched.

　과거를 부인하려는 클래버튼에게는 이처럼 저주스러운 말은 없을 것이다. 그로버 스미스는 '그들의 불길이 꺼지지 않는다'는 것은 혼령이 된 남녀가 공포 속에서 서로 몸을 떨며 영원을 사는 지옥과 같은 모습이라고 풀이한다.[168]

　클래버튼 경의 영혼 구제는 이 두 사람에게서 시달림을 받은 후, 바로 자신의 가족으로부터 질책을 받고 방향을 잡게 된다. 아들 마이클은 바로 그의 제2의 자아(a second self)라고 할 만큼 과거의 전철을 밟은 것이다. 그는 아버지가 기대하고 있었던 만큼의 인물이 아님을 토로하고 아버지의 위선과 공적확신에 더 이상 압도당하지 않을 것임을 선언한 다음, 고메즈를 따라가기로 결심한 것을 밝힌다. 아들은 그 길이 자신이 찾는 구원의 길로 생각한다. 비록 고메즈와 카길 부인의 계획에 의한 탈출이기는 하지만 마이클에게는 새로운 출발이며 변신이다. 그의 변신은 '두 고스트'와 합세하여 클래버튼의 양심을 각성시키고 있다. 그러면, 남의 양심을 괴롭히는 그들의 정체가 무엇인가를 밝혀보는 일은, 클래버튼의 정신적 구원의 의미를 명료하게 하는데 핵심이 될 수 있다. 카길 부인의 말대로, 클래버튼은 그녀의 영혼을 건드리고 앗아갔던(touched my soul—/ Pawed it) 사람이다. 메이지 몽조이(Maisie Montjoi)라는 옛 이름을 가졌던 그녀는 고메즈의 지난날의 컬버웰(Culverwell)처럼 애정과 우정의 '영적교류'를 배반당

---

168) Grover Smith, *T. S. Eliot's Poetry and Plays*, p. 248. 스미스는 May Sinclaire의 "Where Their Fire Is Not Quenched"(Published in her Uncanny Stories, London, 1923)에서 묘사된 장면을 인용하고 있다.

한 것이다. 정신적 사랑의 유대가 끊긴 삶은 고독과 공허감에 빠진다. 즉, 그들도 클래버튼과 마찬가지로 내면 깊숙이 고독으로 인하여 손상된 자아가 잠재해 있다고 볼 수 있다. 고메즈가 옛날과의 연결을 희구하듯이, 카길 부인도 매일 밤 옛날 클래버튼에게서 받은 편지를 읽는다는 것은 손상된 과거를 다시 올바르게 치유하고자 하는 갈망으로 해석된다. 그들은 클래버튼에게 과거를 외면하지 말고 과거의 자아를 인정하는 것이 그 치유의 길임을 일깨우고 있는 것이다. 클래버튼 경은 아들에게는 과거의 실패로부터 도피하지 말라고 질책한 그 자신이 바로 자신의 과거로부터의 도망자였다는 것을 자각했을 때, 그는 재생할 시간이 있겠는가를 초조하게 묻는다.

<blockquote>

내가 도망치고 싶은 것이

바로 내 자신이다. 바로 내 과거지. 그런데 얼마나 겁쟁이인지.
도망치는 일을 말하면서! 그리고 얼마나 위선자인지!
몇 분 전에 나는 마이클에게 주장했었다.
그 자신의 과거의 실패의 경험으로부터 도망치려 하지 말 것을;
나는 내 경험으로 안다고 했지. 내가 가르칠 교훈에 대해서
그 의미를 내가 이해하는 것일까? 자 그럼, 내가 다시 배우기
　　시작해야겠다.
마이클과 나는 함께 학교에 갈 것이다.
우리는 나란히 앉아서, 작은 책상에서
똑같이 굴욕을 감수해야겠지,
같은 선생님의 손으로 말이다. 그런데 나에게 아직 시간은 있을까?
마이클에게는 시간이 있다. 나에게는 너무 늦은 것이 아니겠느냐,
　　모니카?
</blockquote>

What I want to escape from

Is myself, is the past. And what a hypocrite!

A few minutes ago I was pleading with Michael

Not to try to escape from his own past failures:

I said I knew from experience. Do I understand the meaning

Of the lesson I would teach? Come, I'll start to learn again.

Michael and I shall go to school together.

We'll sit side by side, at little desks

And suffer the same humiliations

At the hands of the same master. But have I still time?

There is time for Michael. Is too late for me, Monica?

그의 탈출의 가능성을 엘리엇 작품의 기존 형식에서처럼 인간의 완전한 의식 속에서 '고통'을 겪는 데서 이루어진다.[169]

그가 마침내 굴욕(humiliation)을 감수할 것을 각오한 것은 모니카가 생명을 바치고 아버지를 위하겠다는 말과, 가족 간의 사랑의 중요성을 강조한 것에 감동된 것이 계기가 된다.

가족 간의 사랑이란 그대로 그 안에 살아 있는 사랑이지

볼 수 있는 것이 아니지요, 사랑의 빛 안에서 다른 모든 것이 보이

　는 사랑,

그 사랑 안에서 다른 모든 사랑은 말을 찾지만,

가족의 사랑이란 말이 없지요.

　　　　　　　　　무어라고 말씀 드려야 할까요?

아버지, 마이클이 어떻게 행동했든, 그리고 마이클,

---

169) A. D. Moody, p. 281.

아버지께서 무어라고 말씀하셨든,
서로 용서하고, 서로 사랑해야 합니다.

For love within a family, love that's lived in
But not looked at, love within the light of which
All else is seen, the love within which
All other love finds speech.
This love is silent.
                    What can I say to you?
However Michael has behaved, Father,
Whatever Father has said, Michael,
You must forgive each other, you must love each other.

　　그에게 사랑과 화해를 강조하는 모니카의 말은 이 극에서 중요한 전기가 되고 있다. 그가 사랑받고 있다는 것을 발견했을 때 모든 것에 변화가 온다. 그의 가면과 수치스런 자신에게서 자유스러워진 그는 사랑을 인식하는 계명의 시간을 생애의 마지막에서 갖게 된다. 마이클 골드만이 지적한 대로, 클래버튼이 그의 유령들을 쫓아내지 않고 아무 해를 느끼지 않고 다시 그들과 상면하는 장면은 뛰어난 '극적 경이로움'(dramatic surprise)을 안겨준다.170) 찰스가 그들을 공갈죄(blackmail)로 법에 의해 다스리겠다는 제의를 클래버튼이 만류하는 장면은 이제 그들의 실체를 사실대로 긍정했기 때문이다.

---

170) Michael Goldman, pp. 161~162.

클래버튼경

　만일 사람들이 교제만을 목적으로 협박을 한다면

　법이 그들을 다스릴 수는 없지 않을까?

찰스

　　　　　그렇다면 왜 선생님이 굴복하셔야죠?

　배줄리를 떠나서 그들을 피하시지 않나요?

클래버튼경

　그것은 그들이 실재가 아니기 때문이지, 찰스 그들은 단지 망령

　　들이네;

　나의 과거로부터의 망령, 그들은 늘 나와 함께 있어 왔지.

　다만 근래에 와서 실재 인물들이 악령이 되어 나를 괴롭혔는데.

　그들은 단지 인간으로서, 악의에 차고 하찮은 사람들이었고,

　이제 나는 내 자신이 나의 망령 같은 존재로부터 빠져나와

　무언가 실체에 다가가는 것을 느끼게 된 것이다.

LORD CLAVERTON

　If people merely blackmail you to get your company

　I'm afraid the law can't touch them.

CHARLES

　　　　　Then Why should you submit?

　Why not leave Badgley and escape from them?

LORD CLAVERTON

　Because they are not real, Charles. They are merely ghosts;

Spectres from my past. They've always been with me
Though it was not till lately that I found the living persons
Whose ghosts tormented me, to be only human beings,
Malicious, petty, and I see myself emerging
From my spectral existence into something like reality.

또 그는 그들이 자신의 도덕적 실체를 벗기는 일을 한 유령, 즉 퓨리 스였던 것을 알게 되고, 자신의 과거를 객관적 시각에서 새롭게 판단해 본다. 이제까지 숨겨온 과거의 수치는 그것을 고백함으로써 와해되어, 인간의 약한 본성의 보편적인 죄과처럼 이해된다. 클래버튼 경의 말대로 인간은 법으로 다스려지는 범죄를 고백하는 일보다 아무도 믿지 않는 죄를 고백하는 것이 더 어려운 일이다. 그는 딸에게 모든 것을 고백한 대가로 전에는 미처 못 느꼈던 가족 간의 사랑을 얻었고, 자신은 '무로 돌리는' (becoming no one) 겸허함으로 타인과의 영적교류가 가능해진 것이다.

이상 살펴본 것과 같이 『원로 정치가』에서 구현된 인간적인 사랑의 관계는 궁극적인 신의 사랑과 합일되는 것이며, 그 의미는 인생의 종착점에서까지 구원의 기회를 주신 신의 은총을 뜻한다. 현세적인 명예욕에 사로잡혀 순수한 정신적 친교를 배반했던 클래버튼의 과거를 '말없이 지켜본 내면의 자아'(a silent observer)는 영혼의 멸망을 막아 준 양심의 지주였다. 비록 고통이 따른 죄벗김이었으나, 그것이 구원의 길목에서 인간이 필연적으로 거쳐야 하는 수련의 과정임을 알 수 있다. 극초의 두 애인 사이의 사랑의 '이중주'는 극미에서 그들의 가족을 포함하여 모든 인간에게 사랑의 귀함을 알리는 축복의 노래라고 볼 수 있다. 엘리엇은 보다 많은 사람의 정신적 구원을 가장 소홀할 수 있는 인간관계에서 찾음으로써 이제까지 추구해온 현대인의 정신적 재생의 문제에 현실적 방향을 제시해 주었다. 인생의 결말을 신의 세계의 평화와 만나는 시초(始初)로 승화시킴으로써 세속인의 구원의 문제에 대해서 더 바랄 것 없는 해답을 내린 것이다.

제7장

맺음말

    구원의 의미를 중심으로 살펴본 엘리엇의 일곱 편의 시극에 대해 필자는 다음 두 가지 측면에서 논의된 특징을 결론으로 맺는다. 먼저 이 책에서 고찰한 엘리엇의 구원관과 각 작품의 모형을 밝히고, 다음으로 기독교적 구원의 주제가 전통적 희곡의 개념에서 어떻게 파악할 수 있는가를 논의하여 엘리엇 시극의 특성을 규명하고자 한다.

    제2장에서는 엘리엇의 사상적 바탕을 그의 가족적 배경과 정통적 기독교사상에 대한 그의 신념을 통해 살펴보았다. 엘리엇은 현대세계에서의 환멸과 실의의 탈출구는 기독교적 이념에 의해서만 가능하다고 보았다. 그는 현실세계의 정신적 재건은 역사의식을 통한 정통의 재인식에서 이루어질 수 있다고 믿고 있으며, 종교에 있어서는 특히 토마스 아퀴나스의 정통주의 신학에 입각한 기독교 사회철학을 기본원리로 삼고 있다. 일면 현

세적 삶의 복지와 행복에 대한 그의 현실 긍정적 사회관은 그의 가족적 배경에서 자연스럽게 계승되어 온 것임을 알 수 있다. 따라서 그의 구원관은 전통적 가톨릭사상과 미국 청교주의 사상의 융합의 결과라고 말할 수 있다.

제3장에서는 『스위니 아고니스테스』에서 죄의식을 지니고 '생중사'의 상태에서 구원을 갈망하는 주인공의 모습을 무신사회의 실상 속에서 조명해 보았다. 특히 현대의 허식적 생활을 상징하는 언어형태와 리듬은 1920년대의 시대적 감각을 적절하게 표출하고 있다. 스위니는 엘리엇 시극의 주인공들 중에서 유일하게 구원의 비전을 얻지 못한다.

제4장에서 필자는 인간의 죄의식의 문제를 원죄의식과 연관하여 『가족의 재회』을 살펴보았다. 주인공이 죄의식에서 해방되는 과정을 아이킬로스와 에우메니데스의 주인공의 경우와 대비하여 살펴봄으로써 기독교적 개념의 구원은 희랍극과는 달리 신의에 대한 인간의 도덕적 각성에 연유하는 것임을 규명하였다.

제5장에서 살펴본 『반석』과 『대성당의 시해』는 엘리엇의 기독교사상이 보다 뚜렷이 반영된 작품들이다. 『반석』에서는 신앙의 문제가 사회집단의 공동의식으로 수용되어야 한다는 사실이 천명되고 한 개인의 죄의식의 문제보다는 사회 전체의 죄악이 논의되고 있다. 사회의 정신적 빈곤을 치유하는 방법으로 교회의 의의가 강조되고 있으며, 이 극의 코러스는 교회의 대변자로서 '바위'와 함께 중심적인 역할을 한다. 같은 장에서 살펴본 『대성당의 시해』는 엘리엇 시극 중 그의 구원관이 가장 높은 차원에서 다루어진 작품이다. 진정한 순교의 의미와 숭고한 성자적 모형이 12세기의 베켓 대주교의 사실적 사건을 매개로 하여 영원한 현재성을 띠고 부각되

어 있다. 엘리엇의 베켓은 자기의 신념과 영광까지도 버리고 오로지 신의에 순종하는 것만으로써 진정한 의미의 순교를 이룩했던 것이다. 그러한 순수한 순교정신은 중생들의 영혼 즉 인류를 구원하는 정신적 촉매가 된다. 코러스의 역할도 희랍극의 경우보다는 더욱 개성화 되어, 중생을 대표하여 베켓의 행동을 관찰하고 중생을 각성시킬 수 있는 발전적 성격을 보여주고 있다.

제6장에서는 세속적 삶을 영위하는 평범한 사람들의 구원문제를 『칵테일파티』, 『개인 비서』, 『원로 정치가』를 통해 살펴보았다. 세 작품의 공통점은 위선과 허상의 삶 속에서 진실한 자아를 발견하는 길이 무엇인가를 제시하는데 있다. 인간의 고독과 좌절감은 결국 사랑이 없는 인간관계에서 비롯되며, 삶의 의미를 되찾는 방법은 『칵테일파티』의 실리아를 제외하고는 모든 주인공들이 현세적 삶에서 진정한 자아의 발견과 올바른 인간관계를 정립하여 마음의 평화를 얻는데 있다는 것이 표명되어 있다. 엘리엇이 그의 후기극에서 '세속적 삶의 행복'을 긍정적으로 수용한 태도를 평하여 많은 비평가들은 그것을 발레리 플레처(Valerie Fletcher)와 결혼의 경험, 그리고 그 자신의 경력과 연륜에서 오는 관용적 인생관의 반영이라고 보고 있다. 현실세계에 대한 관심은 그의 첫 번째 극작품에서부터 뚜렷하였으니 결국 그의 마지막 작품은 그가 오랫동안 추구해온 인간정신의 재생 문제를 현실적 관점에서 해결한 하나의 결과인 것이다. 그것은 엘리엇 개인적 삶의 성취와도 일치한다. 그러나 높은 차원의 꿈을 실현시키기 위해 현실적 안일을 버리고 스스로 고통의 길을 선택하는 주인공들의 모습을 보고 우리는 더 큰 감명을 받는 것이다. 그리고 인간적 사랑이 비록 낮은 차원의 것이라 할지라도 그것은 궁극적인 신의 사랑과 통합될 수 있

다는 사실을 깨닫고 우리는 엘리엇 시극에서 일관성 있는 구원관이 제시되어 있음을 발견한다.

엘리엇은 현대의 정신적 황폐를 통해 그 뒤에 숨어 있는 영원의 세계를 볼 수 있는 이상주의적 시각을 지닌 시인이었다. 몇 편의 극작품이 희랍극의 바탕을 모티브로 하고 있으면서도 비극적 비전을 보이지 않는 것은 그가 기독교이념에 의한 구원의 약속을 확신하기 때문이다. 조지 스타이너(George Steiner)는 기독교적 관점은 근본적으로 낙관주의이며, 비극적 요소가 있다면 단지 잠정적인 실의 또는 영광으로 상승하기 전의 일시적 고통에 불과한 것이라고 하였다.[171] 영적 승화는 인간적 삶의 승리이지 패배는 아니다. 그렇다고 하여 엘리엇 시극을 '희극'으로만 보려는 데도 문제가 있다. 그의 극세계에는 '생중사'의 삶의 고통과, 신앙을 상실한 비극적 사회상과, 고결한 사람들의 죽음이 있다. 뛰어난 인물의 죽음은 아리스토텔레스 이론 이후 현대의 '보통 사람의 죽음'의 문제가 대두하기 이전까지는 비극의 전형적 주인공의 성격을 표상해왔다. 그러나 엘리엇의 후기극에서 보통 사람의 행복 문제가 안락한 거실에서, 때로는 해학적인 사건을 수반하면서 논의되고 있다고 해서 이런 상황을 희극적이라고 할 수는 없다. 사랑 없는 인간관계, 고독과 죄의식, 자아상실의 고뇌가 극의 핵심이 되고 있다면 그것은 분명히 인간의 비극적 상황이 아닐 수 없다.

이러한 관점에서 엘리엇 시극을 아리스토텔레스의 '비극론'의 정의와는 별도로 하나의 기독교적 비극(Christian Tragedy)이라고 볼 수 있다. 희랍극의 주인공은 흔히 운명적 요소와 성격적 결함이 합세하여 파멸로 치닫는다. 비극은 '좋았던 상태'에서 '나쁜 결과'로 옮겨지는 특수한 인물의

---

171) George Steiner, *The Death of Tragedy*, Faber and Faber, London, 1973, p. 332.

운명의 역전에 있었다. 그러나 엘리엇의 주인공들은 이와 반대로 스위니를 제외하고는 모두가 광명을 찾았다. 희랍 관객이 고위직의 비극적 결말을 지켜보고 공포와 연민에 떨며 관극의 감동을 수용한 것과는 달리 엘리엇극의 관객은 정신적 고양의 감동으로 '정화작용'을 일으킬 수 있는 것이다. 이것으로 종교적 의미를 가미한 구원까지 성취하지는 못한다. 이러한 관점에서 베켓과 실리아의 죽음의 의미는 기독교적 개념에 의해서만이 그 가치가 정당하게 인식된다. 베켓도 신의를 발견하지 못하는 중생들은 그의 행위를 광신자의 '기행'으로밖에 보지 못함을 예고했다. 신에 대한 경외감이 없는 인물들은 인간의 인고(忍苦)를 신의 저주로만 간주하게 된다. 로렌스 미셸(Laurence Michel)은 절대적 신앙심의 예를 성서의 욥(Job)과 아브라함(Abraham)에게서 발견하고 있다.

또한 불행에 대한 시각의 차이에서도 엘리엇 시극의 특징을 찾을 수 있다. 희랍극에서는 일반 가정사나 당연히 고통 받을 만한 사람의 불행은 비극적 주제가 되지 못한다. 처음에 베켓을 두려운 마음으로 지켜본 코러스의 여인들은 가난하면서도 안일한 자기들의 삶이 깨어질까봐 염려했던 것이다. 일반사람들은 자연의 계절적인 질서에 순응하여 식물적이거나 동물적인 삶을 살아가며 그 계절적 순환이 깨어지지 않는 삶을 만족한 상태로 간주하는 것이다. 그러나 기독교적 관점에서 본 인간의 완전한 상태는 신의 질서에 귀속될 때를 말한다. 이 세상의 삶은 모든 인간이 원죄와 연결되고 세상의 죄악에 노출되고 있기 때문에 불완전한 것이다.

인간의 고난은 보편적 삶의 조건이며 신의를 배반한 인류의 비극적 운명이다. 그것은 진정한 삶이 아니라 '생중사'의 삶이다. 때문에 인간은 고통을 통해 구원을 받고 재생되어야 하는 것이다. 로렌스 미셸(Laurence

Michel)은 신의 세계에 복귀하려는 인간의 '가치있는 비전'(vision of good)은 항상 꿈으로 남아 있으며 그 꿈은 인간의 죄의식과 갈등을 일으킨다고 말한다.[172] 신의 세계에 도달하려는 의지가 있는 한 인간은 현실적 삶과의 대결을 피할 수 없다. 따라서 신의 사랑에 대한 인간의 신앙과 경외감은 때로 죄악이 지배하는 인간적 상황에서 좌절을 맛보는 수가 있다. 그리고 그것은 공포감과 신앙심 사이에 긴장감을 야기하는 것이다. 이러한 인간 조건은 기독교적 관점에서 본 비극적 측면이라 할 수 있다. 따라서 극적갈등은 인간과 인간 사이가 아닌 신과 인간과의 관계에서 야기되고 인간의 고통에 새로운 의미가 부여되는 것이다. 미셸은 인간은 도덕적 우주에서 자유의지를 갖고 행동하기 때문에 죄에 대한 책임은 자신만이 감당해야 하는 것이라고 주장한다. 엘리엇 극의 주인공들이 스스로의 고통과 각성에 의해 구원을 얻게 되는 것은 이러한 기독교적 개념과 맥락을 같이하고 있는 것이다. '타락한 인간'은 그 인성에 있어서 이미 한계성을 지니고 있다. 그럼에도 불구하고 신이 이것을 극복할 수 있는 의지를 인간에게 부여했다는 사실은 인간의 자유의지가 하나의 '짐'이 될 수 있다는 뜻이기도 하다. 구원의 가능성도 이와 같은 맥락에서 성취된다고 미셸은 보고있다.

> 이러한 경위에서의 구원은 실행해야 하는 것이지 깊이 생각해내는
> 것이 아니다. 그것의 추억들은 단지 이해하는 것에 그치지 않고, 하
> 느님과 그들의 운명을 함께하는 과업이 주어졌다. 이것은 비극적인

---

172) Laurence Michel, "The Possibility of a Christian Tragedy," *Tragedy: Modern Essays in Criticism*, ed. by L. Michel and R. B. Sewall, Englewood Cliffs, N. J.: Princeton-Hall, 1963, pp. 211~214.

물음이며, 철학적인 것은 아니다. '천지창조'의 타락이 극의 프롤로그였고, 이제 땅 위에서 고투는 시작되고, 그 고투는 인간에게 있어서의 하느님을 닮은 심성(God-like)을 실현하기 위한 것이다.

Salvation in this context has to be worked out, not thought out; the protagonists were presented with the task not merely of understanding, but of living with God and their destiny; it is a tragic, not a philosophic, question. The Creation and the Fall have been the prologue to the play; now the struggle begins, down on earth, the struggle for the realization of the God-like in man.[173]

신의 세계에 복귀하려는 인간적 의지는 고통을 받으나 희랍극의 주인공처럼 인간의 숙명을 인고하는 장엄함을 보인다. 루이스 마츠(Louis Martz)는 오닐의 『상복이 어울리는 엘렉트라』(*Mourning Becomes Electra*)나 엘리엇의 『가족의 재회』에서 희랍극의 '집안의 저주'를 다루고 있는 것은 주인공들에게 '비극적 위엄성'을 부여하기 위함이었다고 해석하고 있다.[174] 비록 엘리엇 자신의 술회처럼 현대적 무에서의 퓨리스의 등장은 부자연스러운 것이지만, 초현실적 대상과 대결하는 주인공한테서 우리는 어떤 신비감을 느끼지 않을 수 없다. 엘리엇 극에서 희랍적인 숙명이 극적 구조의 바탕에 깔려 있는 이유를 마츠 교수는 '숨겨진 원인'(a secret cause)을 발견하는 주인공의 투시력과 이를 위해 인고하는 숭고한 인간의지의

---

173) Laurence Michel, p. 221.
174) Louis L. Martz, "The Saint as Tragic Hero Saint John and *Murder in the Cathedral*," *Tragic Themes in Western Literature*, ed. by Cleanth Brook, Yale University Press, New Haven, 1955, p. 155.

구현에서 찾고 있다. 베켓이나 심지어 『원로 정치가』의 클래버튼 경까지를 비평가들이 <콜로누스의 오이디푸스>와 비교한 까닭도 주인공이 '원인'을 발견하고 마음의 평화를 얻었다는 사실을 주시하고 있기 때문일 것이다.

인간의 구원은 신의에 절대적으로 복종할 때 이루어진다는 것을 엘리엇 극은 시사하고 있다. 그것은 인간의 최선(最善)이 신의 선(善)에는 미치지 못한다는 것을 의미한다. 그것은 단테나 키에르케골이나 바르트의 신념이기도 하다. 우리는 『오텔로』, 『말피의 공작부인』을 읽고 난 뒤 신의 절대성을 인식하는 각성을 느끼지 못한다. 또한 입센, 콘라드, 하디, 오닐, 아서 밀러, 그리고 테네시 윌리엄즈 등의 작품에서 제시된 비극적 상황이 엘리엇의 그것과 다른 까닭도 이들 대부분은 '결실 없는 고통'을 겪는데 반해 엘리엇의 시극은 희랍극의 정의와는 다르지만 '긍정적 비극'으로 보이기 때문이다. 이러한 면에서 종교와 비극은 상반되는 것이 아니다. 우주적 질서 안에서 인간은 갈등과 고뇌를 겪은 후 인간적인 모든 노력과 가치를 절대적 가치 앞에 내맡기고 굴복함으로써 구원받고자 하는 것이 종교적 비극이기 때문이다.

구원에 이르기까지의 인간적 회의와 환멸을 엘리엇은 영혼의 각성을 위한 준비과정이라고 보았다.[175] 그는 또한 인간의 죄에 대한 인식은 새로운 삶의 출발이며, '악의 선'은 곧 '선의 의식'을 포함한다고 말했다. 이러한 엘리엇의 태도를 마르크스주의 지식인들(Marxist Intellectuals)은 그가 종교와 권위에 문학적 지성을 예속시켰다고 비난했지만 그들 자신도 자기들이 신봉하는 '주의'에 굴복했던 것임을 라이오넬 트릴링(Lionel

---

175) Eliot, "Francis Herbert Bradley," *Selected Essays*, p. 45.

Trilling)은 지적하면서 그들에 비하면 엘리엇의 사상은 월등하게 명예로운 것이라고 말했다.176)

문학작품의 위대성은 예술과 도덕과의 긴장된 타협 속에 있다. 현대와 같이 도덕적으로 불안정하고 불신과 폭력에 시달리고 있는 사회를 작가는 진지하게 다루어 그 구원책까지도 문학세계에 제시할 수 있어야 할 것이다.177)

엘리엇은 희랍극 이후로 위대한 문학작품 속에서 인간의 도덕적 주제가 형이상학적 주제로서 중시되어 왔던 전통을 고수했다고 볼 수 있다. 그는 강렬하고 높은 감동을 전달하기 위해 현대 구어체의 유리되지 않은 음률을 사용했다. 그의 극세계에서 제시된 현대사회의 양상은 지금도 시대적 현상의 단면으로 비쳐지고 있으며, 그가 탐색한 인간 영혼의 구원은 계속 추구되어야 할 과제인 것이다.

---

176) Lionel Trilling, *Speaking of Literature and Society*, Harcourt Brace Jovanovich, New York, 1980, pp. 156~159.

177) Frederick Pottle, "The Moral Evaluation of Literature," *Religion and Modern Literature*, ed. by G. B. Tennyson, William B. Eerdman's Publishing Company, Grand Rapid, 1975, p. 100.

저 자   김재화(金在華)
　　　　한국외국어대학교 (영문학박사)
　　　　성공회대학교 명예교수
　　　　한국문인협회회원 (평론)

　　● 저서와 주요 논문:『영미희곡 명작론』
　　　　　　　　　　　　「엘리엇 극의 연극성」
　　　　　　　　　　　　「정보화 시대의 영문학 교육」
　　　　　　　　　　　　「영문학연구의 창의적 토대를 위한 소고」 등

T. S. 엘리엇 시극론

발행일 • 2010년 8월 1일
지은이 • 김재화
발행인 • 이성모/발행처 • 도서출판 동인/등록 • 제1-1599호
주소 • 서울시 종로구 명륜동2가 아남주상복합아파트 118호
TEL • (02) 765-7145, 55/FAX • (02) 765-7165/E-mail • dongin60@chol.com
Homepage • donginbook.co.kr

ISBN 978-89-5506-448-3
정가 15,000원